Eduardo Massé

LAS **TRAMPAS** DE LA **FELICIDAD**

Las 9 transformaciones para la
Ciencia del Bienestar Integral

Grijalbo

Las trampas de la felicidad
Las 9 transformaciones para la ciencia del bienestar integral

Primera edición: octubre, 2016

D. R. © 2016, Eduardo Massé

D. R. © 2016, derechos de edición mundiales en lengua castellana:
Penguin Random House Grupo Editorial, S. A. de C. V.
Blvd. Miguel de Cervantes Saavedra núm. 301, 1er piso,
colonia Granada, delegación Miguel Hidalgo, C.P. 11520,
Ciudad de México

www.megustaleer.com.mx

D. R. © 2016, The Noun Project, por las ilustraciones de interiores

ISBN: 978-607-314-881-8

Impreso en México – *Printed in Mexico*

El papel utilizado para la impresión de este libro ha sido fabricado a partir de madera procedente
de bosques y plantaciones gestionadas con los más altos estándares ambientales, garantizando
una explotación de los recursos sostenible con el medio ambiente y beneficiosa para las personas.

Penguin
Random House
Grupo Editorial

*Dedicado a la transformación que todos tenemos
la capacidad de alcanzar a través de la ciencia aplicada
del bienestar integral y las 9 transformaciones.*

*A todas esas personas que me acompañaron
y acompañan en este camino. Pero sobre todo
a mi esposa Manita, quien es un ejemplo vivo
de perseverancia y fuerza.*

*Y a mis amados Lucca y Zoe, que son una fuente
inagotable de inspiración y apoyo. Los amo.*

Gracias por ser parte de mi vida.

⊙ ÍNDICE

PRÓLOGO   11
INTRODUCCIÓN   15

PRIMERA PARTE   21

La memoria y las emociones   26
El tiempo   29
¿Hacia dónde vamos?   38
Entonces, ¿hacia dónde estamos yendo?   43
El inicio de una nueva forma de vivir   44
Egoísmo altruista   45

SEGUNDA PARTE   55

La trampa de la felicidad y el círculo vicioso   60
Las etapas   62
    Infeliz   62
    Deseo   72
    Escape   77
    Feliz   82
    Egoísta   95
    Culpa   101

TERCERA PARTE   107

Oscar   110
Susana   113
Patricia   116
Franco   118
Michelle y Francesca   121
Las conexiones de estancamiento   124

CUARTA PARTE   133

Los cuatro cortes   134
    Primer corte: Infeliz-Deseo (ID)   139
    Segundo corte: Deseo-Escape (DE)   140
    Tercer corte: Feliz-Egoísta (FE)   141
    Cuarto corte: Egoísta-Culpa (EC)   142
Cuando el corte se produce   144
Efecto reactivo *vs.* efecto proactivo   145
    Efecto reactivo   147
    Efecto proactivo   149

QUINTA PARTE   155

LA PRIMERA TRANSFORMACIÓN: **REALIDAD PANORÁMICA**   156

LA SEGUNDA TRANSFORMACIÓN: **DESPERTAR**   159
Los dos caminos   163
Yo puedo solo   173
El paradigma de la fuerza de voluntad y el autocontrol   175
Un músculo como cualquier otro   179
El ataque de los zombis…   183

LA TERCERA TRANSFORMACIÓN: **DEFINICIÓN PROPIA**   196

LA CUARTA TRANSFORMACIÓN: **LA LIBERACIÓN**   200

Una de las reglas del juego de la vida es la incertidumbre   201

SEXTA PARTE   207

LA QUINTA TRANSFORMACIÓN: **EL PODER DE LA ELECCIÓN**   207

Diferencia entre emoción y sentimiento   208
El paradigma del cambio   215
No llegamos aquí por coincidencia, sino por ignorancia   218
¿Una vida con significado?   219
Entendiendo la ciencia detrás del programa   221
La mecánica para entender mejor   223
¿Emociones positivas?   226
La habilidad del cambio   234
El hexágono del cambio   243
Rompiendo hábitos   249

SÉPTIMA PARTE   253

LA SEXTA TRANSFORMACIÓN: **MENTE, CUERPO Y ESPÍRITU**   253

A conocernos un poco más cada día…   256
La vida real   266

LA SÉPTIMA TRANSFORMACIÓN: **APLICANDO LA CIENCIA**   269

LA OCTAVA TRANSFORMACIÓN: **DISEÑANDO TU VIDA**   274

Metas medio y metas fin   276
El propósito   280

LA NOVENA TRANSFORMACIÓN: **EL CÍRCULO DE LA VIDA**   281

LAS 9 TRANSFORMACIONES   287

CONCLUSIONES   291

⊙ PRÓLOGO

C onocí a Eduardo Massé durante la presentación de uno de mis libros en México. Meses después, tuve la oportunidad de entrevistarlo en el programa Cala, de CNN en Español. Allí me habló por primera vez de su gran pasión: la Ciencia Aplicada del Bienestar Integral, un proyecto amparado en la psicología positiva.

En medio de la entrevista, me pidió que le escribiera el prólogo de este libro. Entonces le agradecí sinceramente, porque Eduardo Massé es un profesional de inmenso prestigio: psicólogo positivista, consultor corporativo, conferencista, guía de vida, escritor y articulista de revistas tan influyentes como *Forbes*.

A Massé también lo respeto por su poder de reinvención. En Canadá y Estados Unidos remontó la cima del mundo corporativo, pero un buen día decidió regresar a sus raíces y dedicarse a los menesteres del mejoramiento humano. Hoy, ya de vuelta en Latinoamérica, radica en México —y no en Perú, su tierra natal— por cuestiones geográficas.

En nuestro primer diálogo, recuerdo que realizó una interesante comparación entre el ajedrez y la vida: "Todos conocen el ajedrez, pero pocos saben jugarlo, no dominan sus reglas. Es un juego complicado. La vida, como el ajedrez, también es complicada y también tiene sus reglas, pero, igualmente, pocos las conocen y no se dedican a aprenderlas".

El objetivo esencial de *Las trampas de la felicidad,* la magnífica obra que ahora tienes en tus manos, es prepararnos para enfrentar —y ganar— la enrevesada partida de ajedrez que es la vida. Massé pone a nuestra disposición todas las herramientas necesarias, esclarece las reglas del juego y nos exhorta a cultivarnos como seres humanos íntegros, con una actitud proactiva.

Además, revela los riesgos de actuar de manera reactiva, o sea, la que sólo responde a estímulos externos. Cuando nos convertimos en personas en las que priman las actitudes reactivas, dejamos de ser "neuroconsumidores", nos convertimos en "zombis urbanos", en entes sin poder de decisión, programados para reaccionar ante "algo", pero nunca en condiciones de crear ese "algo" en pro de un crecimiento personal integral. El término "neuroconsumidor" se explica magistralmente en el libro.

Las trampas de la felicidad es un texto oportuno, porque nunca como ahora la capacidad humana para razonar y decidir ha sido tan fustigada, no sólo por la cantidad de mensajes que estamos obligados a digerir minuto a minuto, sino por la agresividad que los distingue. Las técnicas de persuasión son cada vez más sofisticadas e incisivas y tienden una y otra vez a crear necesidades ficticias.

Son varios los personajes que salen al encuentro del lector, entre ellos el propio Massé —en su función de narrador y protagonista—, sus alumnos y sus hijos. Sin embargo, en mi opinión, Lorena, su gran amiga, es la que deja las huellas más profundas. Su historia se cuenta al revés: es el típico ser humano noble y talentoso que lucha por su bienestar integral, pero desconoce las reglas del juego. Para todos los que como ella intentan ser mejores e integrales, este libro es una guía imprescindible.

A pesar de la profunda base teórica en la que se sustenta, la lectura es entretenida, sin complicaciones ni lenguaje rebuscado. El mensaje es fácil de asimilar, porque Massé dispone de una habilidad narrativa muy eficaz, entrelaza definiciones teóricas con anécdotas personales emanadas de su propia experiencia, entretenidas, a veces chistosas, pero siempre muy humanas, con las cuales refuerza cada una de sus ideas.

Las trampas de la felicidad es un libro aleccionador, entretenido y humano. Disfruta y aprovecha su lectura.

ISMAEL CALA
Conferencista, autor y comunicador
Twitter: @cala

◉ INTRODUCCIÓN

Te invitamos a seguir este enlace para escuchar a Eduardo Massé darte una calurosa bienvenida a este libro. <http://www.lastrampasdelafelicidad.com/audio-introduccion>

En mi vida me han motivado a entender cómo funcionamos, de qué nos sirven los sentimientos, cómo operan nuestra mente y nuestra psicología, qué tanto llegamos a saber o necesitamos conocer de esa maravillosa máquina llamada *cuerpo humano*. En la investigación que comencé hace un poco más de dos décadas jamás imaginé lo increíble que sería este camino, este sendero que finalmente me conduciría a encontrar el santo grial que hoy representa mi bienestar integral. ¿Alguna vez te has preguntado cómo funciona la psicología, la biología, nuestra conexión espiritual? ¿Sabes qué es lo que nos motiva y, más aún, cómo es que llegamos a ese momento de motivación o de decisión? ¿Qué tan conscientes somos de las causas que nos provocan y nos mueven a decidir y a mantenernos en la ruta? ¿Eres capaz de darte cuenta de cuánto de lo que escoges es producto de tu libre elección y cuántas veces eres inducido a elegir?

Vivimos en una época donde todos los días vemos a maestros de la inducción, grandes ilusionistas que nos venden ideales, valores, emociones, promesas de felicidad y éxito inmediatos. No exagero al sugerir que contemplemos la realidad de hoy en día como una guerra, una guerra comercial en la que las grandes potencias pelean por un pedazo del mercado, donde el objetivo es tu voluntad y tu bolsillo, y donde los daños colaterales son asumidos por ti. Nosotros los consumidores nos encontramos en medio del campo de batalla, y la mayoría de las veces llevamos las de perder.

Las grandes potencias saben más de tus hábitos y de ti, que tú mismo. Por eso me interesé en el tema del bienestar, de la conciencia, de la búsqueda personal. La misión que encontré para mi vida —mi llamado— es precisamente guiar a la gente como tú a descubrirse, a diseñar una estrategia de vida propia, sin llamados constantes del exterior que busca imponer deseos. En otras palabras, ayudarte a que tu vida funcione para ti.

Pensé que la mejor manera de introducirte a *Las trampas de la felicidad* —cuyo contenido se sustenta en mi trabajo con el manejo de la ciencia aplicada del bienestar integral y su proceso— sería con el ejemplo de historias ajenas y propias. Compartir experiencias de personas que como tú y como yo, en uno o varios momentos de la vida, han sentido que tocan fondo, que han interpretado una señal, o experimentaron situaciones que les hicieron desfallecer, que se toparon con un punto de quiebre en el que cambiar se convirtió en una necesidad para seguir viviendo. Te quiero contar el caso de algunos alumnos míos que gentilmente accedieron a prestarme sus experiencias para ilustrar cómo llegaron a este camino, cómo vivieron su proceso de bienestar integral y qué recompensa obtuvieron al implementarlo en sus vidas.

Te invito a que imagines lo que representaría para ti vivir como un atleta profesional entrenando en la disciplina del bienestar integral. Si lo que nos queda por vivir son una cuantas décadas, piensa lo que representaría para ti, atleta de la vida, saber que contarás con miles de horas de práctica. Mientras un atleta profesional dedica diez mil horas a entrenar, que son aproximadamente cinco años, tú entrenarás las horas que te quedan por vivir. Y aunque no sé cuánto tiempo tienes, lo que sí puedo asegurarte es que con la práctica de la ciencia aplicada del bienestar integral el tiempo está a tu favor.

Imagina una vida en la que conoces cada detalle de tu persona y de tu ser. Donde la elección de despertar y de vivir sea completamente tuya. Que llegues a entender por primera vez lo que son tus emociones, para qué sirven y cómo convivir con ellas. Imagina que a través de la práctica del bienestar integral puedes extender tu vida al nivel más elevado que nunca jamás hayas experimentado vivir. Imagina el impacto en quienes te rodean: tu pareja, tus hijos, tus amigos, tus colegas, y todos aquellos que amas y te importan.

Acepta el reto de aprender a cultivar tu persona. Despierta esas habilidades que has mantenido dormidas por tantos años; atrévete a convertirte en un organismo productor de esas conexiones llamadas *neurotransmisores*, y haz que todo en tu vida funcione para tu propio beneficio.

Anímate a proyectar a ese atleta en pleno uso de su bienestar integral; visualiza conmigo el cruce de esa meta una y otra vez. ¿En qué tipo de persona te convertirías? ¿Cómo piensas que te sentirías? De mi experiencia personal y de aquellos que ya me acompañan en este camino te puedo decir que lo único que todos lamentamos es no haberlo empezado antes. Te invito, entonces, a que vayas conmigo y descubras la ciencia aplicada del bienestar integral para:

1. Descubrir y entablar una relación con tu mente.
2. Que aprendas a conocer tu cuerpo interpretando tu fisiología.
3. Que entables esa conexión emocional y espiritual para alcanzar un nivel de convivencia personal y social que te permita elevar tu estándar de vida a niveles inimaginables.
4. Aprender a respetar con conocimiento de causa.

Permite que las páginas de este libro te ayuden a enfrentar ese bombardeo mediático y cambio de estilo de vida al que llamo *no time trend*,[1] para que conserves tu derecho de elección, continúes despierto y no caigas víctima del síndrome epidémico conocido como *zombi urbano*.

En la mente del *neuroconsumidor*, que es un comprador educado, conocedor y practicante de la ciencia aplicada del bienestar integral, y que se mantiene al tanto de los avances de la ciencia y de cómo aplicaciones como el *neuromarketing* impactan en la forma en que las empresas pretenden manipular nuestro proceso de elección y de pensamiento,[2] sigue siendo lo

---

1. *No time trend* es la tendencia por vivir en una vida saturada, sin tiempo para el desarrollo interno y el crecimiento personal.
2. Gerald Zaltman, *How Customers Think: Essentials Insights into the Mind of the Market*, Harvard Business School Press, 2003.

más importante el tener hijos, una familia y lo que ello representa. Y eso lo sabemos los investigadores, los estudiosos del mercado y los mercenarios de la publicidad. Tenemos ahí un punto débil como sociedad, un ángulo en el que se originan muchas teorías y fórmulas acerca de cómo llegar a los consumidores, cómo penetrar el subconsciente donde —según ciertos expertos como Lipton y Zaltman — se genera 95%[3] de nuestras decisiones de compra.

Así que, en cierto modo, al escribir este libro intento poner mi grano de arena en esta revolución personal y grupal que debemos enfrentar como sociedad. En mi caso siento que se lo debo a mis hijos, a mi pareja y a mis seres queridos, pero, sobre todo, me lo debo a mí mismo. Porque si yo no soy lo mejor que puedo ser, entonces es imposible que pueda dar lo mejor de mí. O dicho de otra manera: para dar lo mejor que puedo dar, primero necesito ser lo mejor que puedo ser.

Si pudiese existir la remota posibilidad de que alguien más esté eligiendo por ti, que no vives la realidad, entonces quiero que te preguntes qué tipo de vida posees y qué tan dueño de ella sientes que eres.

Si tal posibilidad impera en tu caso, como imperó en el mío la mayor parte de mi vida, este libro es para ti. Y si es así, ¡agárrate!, porque uno de los objetivos es que estés dispuesto, junto conmigo, a abrir esa caja de Pandora que es tu realidad. Aquí estaré para acompañarte en este camino hacia tu propio bienestar integral. Bienvenido.

---

3. *Bruce Lipton. The Biology of Belief.* Hay House Inc. 2015.

◉ PRIMERA
PARTE

H abía sido un fin semana interesante. Tuve un domingo que dediqué principalmente a la investigación y a la escritura de mi próximo libro. Habré pasado unas seis horas entre libros y letras con pequeños intervalos provocados por llamadas de familiares o amigos, interrupciones de los niños, por el hambre, la biología y curiosidades propias.

Ese domingo, en compañía de un té de hierbas, decidí llamar a mi mejor amigo de toda la vida para saludarlo. Era su cumpleaños y qué mejor momento para tomar el teléfono, felicitarlo, y de paso darle la bienvenida al club de los cuarenta y siete.

—Cómo pasa el tiempo —mencionó luego de agradecerme la felicitación—. Nos hacemos viejos, mi querido *conchetu* —me dijo.

Cuando lo pienso, es cierto: cómo transcurre el tiempo. Nos conocimos cuando todavía no teníamos ni vello en las piernas, apenas contábamos con seis años de edad, y aún recuerdo ese momento como si fuese ayer. Fue el primer día de clases en la única escuela italiana que existe en Lima, Perú: la Scuola Italiana Antonio Raimondi.

Tonchi me miró; yo lo miré. Él posó su vista sobre mi lonchera y de inmediato me preguntó si la quería compartir con él. Así comenzó una amistad que después de cuarenta y un años sigue en pie.

Ahora él vive en Miami, y al igual que yo, tiene dos hijos casi de la misma edad. A pesar del tiempo y de lo diverso de nuestras actividades y personalidades, Tonchi y yo aún mantenemos esa amistad especial. Él es como un hermano y su impacto en mi vida fue y sigue siendo trascendente. Es de esas amistades que ya pasaron por fuego y lograron permanecer. Entre Tonchi y yo no hay excusas, historias, ni *bullshit*; nos decimos las cosas como son y nos reímos del mundo y de todo. Es más, él fue el cocreador de la terminología que aconsejo responder a mis seguidores en mi programa cuando alguien no está de acuerdo con el camino del bienestar integral, la ya popular sigla: CSM (*chingue su madre*).

Luego de platicar durante unos diez minutos y confirmarme su infaltable asistencia a la premier de la última película de *Star Wars*, nos despedimos hasta la próxima llamada.

Después de colgar, observé un personaje de colección de dicha saga cinematográfica: C3PO, que mi padre me compró cuando yo apenas tenía nueve años, y que tengo sobre mi escritorio. Qué increíble, pensé, que todavía siga conmigo; dicha estatuilla me ha acompañado desde entonces compartiendo ocho mudanzas y mil aventuras.

—¿Qué opinas, viejo amigo? —le pregunté a C3PO, cuando de pronto sentí una voz familiar. Mi hija, mi pequeña Zoe, alias *la Cosa,* se detuvo en la puerta de mi estudio con una sonrisa de oreja a oreja para observarme y decirme:

—¿Otra vez hablando con ese juguete, pa'? ¡Estás loco!

Es cierto. No la parte de que estoy loco, sino la de que hablo con mi estatuilla. A menudo hablo solo. Es parte de mis dinámicas. Encuentro que cuando platico conmigo mismo proceso una gran cantidad de pensamientos e ideas y consigo estar tranquilo. No tengo que adaptar mi manera de expresarme con nadie, ni preocuparme. Yo llamo a esas dinámicas *platícate* o *háblate*; son ejercicios mentales que me ayudan a pensar, promover ideas, aclararlas, y fluir con mis pensamientos. Al practicarlos también he resuelto infinidad de situaciones, conflictos, y he aprendido más de mí que con cualquier psicólogo con los que alguna vez he tratado. No tengo que preocuparme de los prejuicios de nadie y puedo decirme o decir todo lo que pienso y quiero; lo bueno y lo malo. Y pensar que antes te tildaban de loco por hablar solo.

El psiquiatra Luis Rojas Marcos, autor de los libros *Superar la adversidad* y *El poder de la resiliencia*, apunta que "hablar con amigos, con una planta, con un gato o con uno mismo es uno de los factores que ayudan a superar una situación de crisis". Hablar con uno mismo en voz alta —que es lo que hacemos en mi dinámica *platícate*— también nos ayuda a pensar mejor y tomar decisiones. A mí me sirve para reducir la intensidad emocional de mis pensamientos y también como desahogo.

Hablar solo tampoco es un síntoma de soledad o de no tener amigos. Considéralo como una manera de organizar o aclarar ideas. Cuanta más extrovertida es la personalidad, los diálogos internos en voz alta son más frecuentes.

En opinión de la psicóloga Isabel Larraburu, que escribe sobre la atención, las personas que exteriorizan mucho sus ideas y sus estados de ánimo necesitan más estímulos sensoriales para conseguir el equilibrio personal. "Si se ven forzadas al aislamiento o a la soledad, pueden llegar a construirse un ambiente a su medida hablando solos, con los animales o con las plantas."[1]

Lo anterior me hace reflexionar en que el amigo imaginario con el que hablan los niños no es más que pura sabiduría infantil que deberíamos aprender. Mis hijos me enseñaron y me recordaron cómo jugar, cómo sentir, cómo expresar, cómo llorar y cómo ser. Ser padre es una maravillosa experiencia. Puede resultar una joda, lo sé, pues ellos llegan a cambiarnos la vida, y lo curioso es que, según la estadística, las parejas con hijos experimentan menos sensación de felicidad que las que no los tienen. Pero si sólo fuésemos hedonistas, como dicen algunos expertos, pienso que ya nos habríamos extinguido como raza humana.

Con los hijos de pronto dejamos de lado ciertas cosas que deseamos y nos sacrificamos una y otra vez por ellos. Les entregamos tiempo, dedicación y paciencia. En el momento que vemos esas caritas de puchero que todavía no terminan de abrir los ojos al nacer, simplemente pasamos a un segundo plano, porque ya sabemos que hay algo más importante por qué vivir. La vida cobra otro sentido y las reglas cambian. Yo, en particular, me perdí. La primera vez, cuando mi esposa me dijo que yo sería padre, sentí un pánico espantoso, me llené de miedo, porque desconocía lo que debía hacer con tanta responsabilidad. Cuando Lucca nació, entendí que tener un hijo —además de ser lo mismo que tener un inquilino en casa que come, llora, caga y no paga renta— era de verdad el regalo más maravilloso que la vida me dio. De pronto ya no me interesaba ser el más

---

1. Isabel Larraburu. *Atención plena*. Autoedición, 2009.

importante. Ser padre me enseñó a contribuir de una manera y en una dimensión como nunca antes lo había imaginado.

El día que abracé a Lucca entendí el significado y el poder de estar dispuesto a dar y a agradecer. Y, curiosamente, según estudios realizados por la Universidad de Harvard, ésas son las dos facultades que más satisfacción nos hacen sentir los seres humanos. Nos hacen más agradables, confiables, sociables y apreciativos. Hacemos amigos de manera más fácil. Profundizamos y mejoramos nuestras relaciones de pareja. Qué sabia es la naturaleza. ¿Cómo no respetar la vida y la ciencia? ¿Cómo no acercarme a la ciencia para entender más de la vida?

Pero no siempre podemos ser románticos y estar en la nube de los sentimientos lindos y fabulosos, donde todo es color rosa, a menos que consumamos alguna droga. Como mencioné con anterioridad, durante el mismo y sublime día en que nació Lucca, casi me da un *chucaque* tras recibir la cuenta de la cesárea por un monto de seis mil quinientos dólares. En ese momento la música paró y hasta requinteé al condenado.

Ya saben, ser padre y pareja está entre las tareas más difíciles de llevar a cabo en esta época en la que vivimos. La estadística nos muestra lo complicado que a veces resulta desempeñarse como padres; por ejemplo, el estudio sobre las *soccer moms,* las mamás *multitasking,* a quienes les duele reconocer las molestias que representan sus hijos cuando ellas tienen que lidiar con el trabajo, las demandas, las guarderías y el estrés, demuestra que no podemos apartar la realidad que implica el privilegio de tener hijos, y que no hay cambio ni varita mágica que mejore las cosas así porque sí, que debemos sembrar hoy para cosechar mañana, que para contar con un bienestar integral es necesario trabajar en él, adaptarlo como estilo de vida, para que nos sea posible apreciar este fantástico regalo que nos da la vida.

—Zoe —le respondí—, ten más respeto por tu padre, porque deberías saber que ese juguete tiene más tiempo a mi lado que tu madre y tú juntas. Mi hija sonrió, me dio una de esas miradas de *whatever, pa*, y continuó su trayecto hacia su cuarto.

Aprovechando su interrupción, decidí llamar a mi hermano que reside en las afueras de Bruselas. Luis, mi hermano, es mi Van Gogh (el pintor holandés Vincent van Gogh tuvo un hermano que financiaba y apoyaba sus locuras, lo cual le permitió desarrollar su propuesta artística; así Luis, para este caso). Es amante del arte, las sociedades y las letras. Con él repaso y reviso los avances de mis investigaciones, teorías y variaciones en los capítulos de mis libros, antes de *pelotearlos* con mi equipo de expertos y consejeros. Hablar con él representa una interesante terapia, en la cual siempre generamos dopamina y oxitocina, dos de mis neurotransmisores favoritos, ya que nuestras pláticas se aderezan con muchas risas que frecuentemente llegan hasta las carcajadas.

Mi hermano y yo partimos de casa desde la época de universitarios; dejamos atrás a la familia y a un Perú que en ese momento se encontraba casi en ruinas en todos sentidos. Era un país que poco tenía que ofrecer a dos jóvenes ambiciosos y curiosos que anhelaban descubrir y comerse el mundo. Luis partió hacia Europa, y yo, a los Estados Unidos.

LA MEMORIA Y LAS EMOCIONES

¿Notaste el detalle que pongo cuando narro mi pasado; o mejor dicho, las memorias de mi pasado, o al menos aquellas que puedo recordar?

Dan Gilbert, profesor y psicólogo de Harvard, sostiene que las experiencias permanecen activas en nuestra memoria, en un orden que se mantiene de acuerdo con el contenido emocional que posean. En mi caso, el recuerdo de mi juventud en Lima no es tan presente como cuando rememoro mi partida de dicha ciudad, dejando atrás a los míos. Son reminiscencias que evocan en mí muchas emociones, las cuales limitaban considerablemente mi habilidad para proyectar mi futuro. El profesor Gilbert señala que las memorias del pasado son más poderosas que cualquier intento por generar emociones de visiones futuras, precisamente por la conexión emocional que las mismas nos provocan.

Por eso digo que el pasado tiende a atraparnos y limitarnos. Si no somos capaces de desarrollar conexiones emocionales con aquello que deseamos en el futuro, estaremos perdidos a merced de lo bueno o malo, de lo abundante o limitante que hayan sido nuestras experiencias. Gracias a las enseñanzas de Gilbert, y a mi experiencia, conseguí desarrollar las dinámicas que llamo *emovisuals*.

Los *emovisuals* consisten en realizar ejercicios en grupo para desarrollar la habilidad de conectar emociones con visualizaciones sobre el futuro. Es donde el individuo aprende a vincular esos deseos de manera más emocional con las metas que desea alcanzar. Entender la importancia de relacionar emociones con la capacidad para visualizar el futuro o lo que esperas del mismo es una herramienta crucial para desarrollar nuestra estrategia. Con los *emovisuals*, con la práctica y el tiempo, podemos explorar la habilidad de conectar emociones con metas futuras que nos permitan liberarnos de miedos y cadenas pasadas que nos mantienen anclados y con limitantes.

Por ejemplo, yo, que soy amante del futbol, al ver cualquier partido no podía dejar de pensar en la tragedia que para mi país,

Perú, ha significado este deporte. Todavía recuerdo el trágico 5 a 1 contra Polonia como si fuese ayer. Esa experiencia no sólo resultaba triste, sino que me acomplejaba como peruano viviendo en el extranjero, y sin saberlo me alejaba de mi sentido patrio. Es más, perdí por muchos años la pasión por el balompié. Hasta que, trabajando con Gilbert, aprendí cómo desconectar la memoria de un evento sobre el cual no tuve injerencia. Surgieron otros acontecimientos que remplazaron mi conexión con el Perú, que me ayudaron a revertir esas memorias; visualicé tantas veces lo bueno y lo positivo que tengo en mi país natal, que eventualmente empecé a subsanar mis emociones y mis deseos futuros. En una palabra, logré la paz con mi pasado.

Y ya que estamos en el tema de mis visitas a Lima, durante uno de mis viajes en tiempos de eliminatorias al mundial de futbol no pude evitar notar el comercial de televisión de una bebida de cola que primaba a la audiencia con un mensaje que, si mal no recuerdo, decía más o menos así: "Lo más importante no es ganar, lo más importante es competir". Y pensé que era curioso, porque donde he pasado casi las tres últimas décadas de mi vida, que es principalmente entre los tres países que conforman América del Norte, la misma empresa promueve con su publicidad televisiva otro tipo de mensaje: "Lo único que importa es ganar". Como mercadólogo e investigador, no puedo dejar de señalar detalles como esos y observar las contradicciones que se dan entre lo que todo ser humano puede aspirar a ser y lo que nos terminan vendiendo a través de conceptos en apariencia empoderados, pero curiosamente elaborados. A esa herramienta mercadológica empleada para vender y provocar necesidades se conoce como "primado" o *priming*.

Ahora que tenemos esta relativamente nueva tendencia del *neuromarketing*, y el uso que se le está dando, en lo personal sé que grandes corporativos invierten fortunas en países como Estados Unidos y México para convertir su mensaje convencional en *neuromensajes* sofisticados, promovidos de manera especial por las grandes agencias de la publicidad y la mercadotecnia mediática. Por fortuna todavía no se sabe tanto del cerebro y de la mente como para manipularnos completamente, como quieren o pretenden vender los "expertos", aunque estas prácticas y quienes las promueven sostienen que, de alguna u otra forma, ayudan a reducir el margen de error de los anuncios, los empaques y los mensajes.

La última vez que platiqué con Marcel Just,[2] profesor de psicología de la Universidad de Carnegie Mellon, me manifestó su preocupación por lo que está ocurriendo. Él señala que con los avances científicos y tecnológicos seremos capaces de leer los pensamientos de otros seres humanos; una suerte de *telepatía científica*. Marcel piensa con terror en el momento en que los corporativos, con fines poco éticos, pongan sus manos en esta tecnología. El día que esto suceda significará, según sus palabras, "el fin de la privacidad como en el presente la conocemos".

EL TIEMPO

A la mañana siguiente, la madrugada del lunes, me hallaba inspirado, contento porque sabía que en la cocina me esperaba lealmente la única capaz de causarle celos a mi esposa:

2. Marcel Just es autor de las investigaciones: *Leer la mente, Autismo y la hipótesis de la no conexión y Modelo cognitivo por computadora*. Sus libros sólo se encuentran en inglés.

mi sólida y *robusta* Omega Juicer, mi trituradora de frutas y verduras. La verdad es que aún después de veintitrés años de relación, todavía no definimos a favor de quién se inclinaría la balanza de mi fidelidad si algún día tuviese que decidir entre la *robusta* o Manita, mi esposa. Cada mañana, ella está ahí, lista para triturar las verduras de la semana. Los ingredientes del coctel del día esperaban para ser procesados: apio, espinaca y jengibre. Parte de mi ritual matutino es un delicioso, energético y refrescante jugo verde que disfruto en ayunas.

—¡Qué asco, papá! —me reclama la *Cosa*, cada vez que le toca tomar el suyo, pero sé que sólo es cuestión de tiempo para que le agarre el gusto a lo natural.

La verdad es que cuando rescatas tus papilas gustativas y recuperas el verdadero sabor natural de los alimentos, ya no puedes regresar al exceso de azúcares ni endulzantes. Mis hijos saben que, aunque les cueste un poco de trabajo y un empujón de papá de vez en cuando, una dieta saludable es parte de la base para mantener un cerebro y un cuerpo sanos, de modo que, como promete la frase del tío Sam, ellos "puedan aspirar a ser lo mejor que puedan ser".

Así que mi rutina transcurrió de manera tranquila, investigando, leyendo y escribiendo. Pero casi al final del día recibí la llamada inesperada de un viejo conocido y amigo, un gran motivador y líder de transformación en Estados Unidos: Stuart. Habló para avisarme que nuestra amiga Lorena había fallecido, había tenido un accidente automovilístico mientras salía a comprar unas medicinas para su madre. La noticia me dejó triste, pero sobre todo reflexivo: hacía poco menos de un mes, en una conversación telefónica, ella y yo planeábamos una reunión con buenos amigos para celebrar la graduación de su hijo y los casi veinte años de amistad. Lorena, al partir, dejó a tres jóvenes y a una madre ya longeva, que los hermanos tenían olvidada. Me sorprendió que apenas a sus treinta y nueve años se fuera en un abrir y cerrar de ojos. Ella era una persona muy alegre y deportista, se cuidaba mucho, sabía la responsabilidad de ver por tres adolescentes y una madre. Nadie se esperó que un fatídico accidente le quitara la existencia.

—Que frágil es la vida —dijo Stuart.

—Que frágiles somos —respondí.

El martes que siguió no fue un día cualquiera. Asumiendo de alguna manera la muerte de mi amiga, hice de tripas corazón y en realidad resultó un gran día. No podía ser de otra forma: se trataba de ir a un evento como parte de mi trabajo. Ese martes volé a otra ciudad para dar una conferencia a tres mil quinientas personas, muchas de ellas empresarios y emprendedores. Me acompañó mi bicicleta, que siempre que es posible la utilizo para deslizarme en el escenario. Me gusta ver reír a la gente cuando se sorprende con lo poco inusual de mi dinámica entrada, la cual se ha vuelto un tipo de sello distintivo en mis disertaciones.

A la conferencia le siguió la firma de libros, la charla y el intercambio de risas y fotos durante el escaso minuto por persona que en esta ocasión determinaron los organizadores. Disfruto mucho cuando las personas se acercan a compartir y convivir, cuando el mensaje las toca y las mueve, cuando pueden llegar a motivarse, a darse cuenta de que es posible cambiar, que están a tiempo de despertar y agarrar la vida de verdad. Este tipo de memorias son las que deseo llevarme el día que me vaya. Por ellas, sin afán de repetir o citar algún cliché, vale la pena vivir, pues me distraen de la rutina diaria y enriquecen la convivencia habitual conmigo mismo y con mi entorno.

Regresé de mi conferencia por la noche, ese mismo día. Antes de bajar del avión, revisé mis mensajes de WhatsApp en los que se hallaba una invitación a la apertura del restaurante-bar de Pipe, Perico y Marco, tres amigos del barrio, que conozco de hace años, quienes se han posicionado entre los restauranteros más destacados del medio. Lo pensé conforme retiraba mi equipaje de la banda, pero estaba muy cansado y apenas eran quince minutos pasadas las ocho de la noche. Había agotado cantidades industriales de materia gris ese día.

No tuve más remedio que zafarme de la apertura de la Única, un acto que por la misma naturaleza proponía una extensa actividad social, una típica noche de tertulia que invitaría a la risa y las copas, al que sencillamente me resistí a asistir, y no por hacerme el difícil, ni el sangrón, sino porque esa noche quería compartirla y gozarla sólo con mis hijos y mi esposa; en familia. Además, la muerte de Lorena rondaba todavía en mi cabeza.

El día anterior había estado cargado de emociones encontradas, necesitaba relajarme y ésta era una de esas noches en las que planeaba regalarme la mejor recarga de baterías que podía pensar. Tenía programado un momento con los niños, con los cuales procuraba pasar la mayor cantidad de tiempo posible, en especial ahora que transitaban hacia la adolescencia, sobre todo luego de observar que de unos meses a la fecha, ambos dieron su último estirón, los recientes diez centímetros más rápidos de mi vida. Circunstancia que de una u otra forma, marcó en mi subconsciente la idea de ir perdiéndolos cada día que pasaba.

Lucca ya no solía buscarme como antes. Mi primogénito, mi *Camote*, ahora se debatía entre sus tareas y sus proyectos de escuela, sus amigos, el futbol en el parque con la tropa, y también en la pantalla con el Xbox. Esos benditos juegos electrónicos que vinieron a cambiarnos la vida a todos los padres de mi generación. Qué envidia, pensaba, por qué no nos tocaron a nosotros los cuarentones.

Mientras a mí me tocó matar naves espaciales con un *joystick* simplón, jugando Defenders, y correr por un seudolaberinto detrás de unos fantasmas medio gay, vestidos de colores fucsia y violeta que perseguían una pelota amarilla con dientes, a mis hijos les correspondió vivir realidades virtuales muchas veces más prometedoras que la realidad, mundos alternativos en los que es más fácil escapar para crear otra realidad alterna, la cual forma parte de esta misteriosa y aún impredecible generación Net.

Como me seguía resistiendo a entrarle a eso del Xbox y los videojuegos, en especial después de que Lucca se hacía cada vez más experto en esos menesteres, el reto entonces se vuelca en encontrar cosas que podamos hacer juntos, buscar esa zona media donde mi hijo y yo nos sintamos cómodos y podamos disfrutar la compañía mutua.

Esa zona a veces solía ser un juego de ajedrez, una corta o extensa caminata, una ida al gimnasio, al cine, una comida juntos, y una única vez fue un fatídico juego de *gotcha*. Definitivamente era un poco más fácil antes, cuando papá sugería y él feliz se enrolaba en lo que fuera. A Lucca le pasé mis soldados de plástico y lo llené de *playmobils*. En la sala de la casa de Montreal, los fines de semana, retirábamos los muebles para armar el castillo y formar a los ejércitos. Me encantaba cuando venía a despertarme diciendo:

—Papá, vamos a jugar.

Con mi pequeña Zoe es otra historia. Mi *Cosa* o *My Little Thing* —como la llamé desde el primer momento en que la sostuve entre mis brazos y la apoyé contra mi pecho— es capaz de alegrarme el alma, y mi principal productora de endorfinas y dopamina. Me fascina escucharla reír y bromear, aunque a sus escasos once años esté pasando por la etapa de rehusarse a llamarme *papá*, para dirigirse a mí por mi segundo nombre, o apilarme una serie de apodos de cariño, como ella sugiere. De pronto, y como le venga la inspiración, un día soy el *Goddo,* el *Guajolote,* el *Cholo* o el *Huamán*,[3] entre los que puedo recordar.

Con ella, muy a mi pesar, compartir momentos juntos se ha tornado cada vez más en una competencia no declarada. De pronto siento que es papá *versus* sus libros y variados intereses, sus temas de niña a mujer que afortunadamente comparte con su mamá, sus muñecas con las que practica hacer trenzas y peinados, su álbum de Instagram y, por supuesto, el bendito chat con las amigas, con las que tiene formados varios grupos en su tercer celular del año, porque ya perdió los dos anteriores, y que a veces me arrepiento y me dan ganas de arrancarme los pelos por habérselo comprado. La verdad es que fue un debate muy intenso entre mi esposa y yo. Nos tomó varias pláticas familiares durante el almuerzo y la cena.

Era cuento de nunca acabar cuando me cuestionaban que cómo era posible que ella fuese de las últimas niñas en su clase en llevar un celular a la escuela, y es que a parte de la razón o la experiencia, no existe ninguna norma que establezca la edad de inicio para el uso de dichos aparatos. Después de todo, qué tipo de tirano puede ser tan cruel de privar a su hija de una herramienta tan básica e importante. Por fin la fuerza de la masa provocó que me inclinara a justificar la adquisición del teléfono móvil, argumentando razones de seguridad y practicismo. Un gesto al que no me pude negar y un impacto que a futuro me resultaría imposible de medir. Además, debo reconocer en mi

---

3. *Huamán* es una palabra quechua que indica el rango militar de capitán.

defensa, que sentí que sería una acción que potencialmente me elevaría de papá sargento a papá lindo, bueno y generoso.

Pero como yo, estoy seguro, existen muchos otros papás ilusos que cayeron en la misma trampa de la complacencia y la presión, un error que nos lleva a reconocer que en el mundo actual ésas son las batallas que no podemos ganar, y que ahora nos corresponde entender que la estrategia por mantenernos presentes en la vida de nuestros hijos se traduce en gran parte en eso, en *estar presentes*, procurando estar ahí por ellos, pendientes y atentos.

Quiero que recordemos este par de palabras que serán cada vez más necesarias e importantes y nos mantendrán cercanos en un mundo donde constantemente nos alejamos más, en el que por el uso de los celulares, por ejemplo, estamos más cerca de los que se hallan lejos, y viceversa. Ponlas en práctica y no *en remojo*. Aplícalas cuando puedas y tómalas en cuenta cuando pienses en los que amas y te importan: tus hijos, tu pareja, tus amigos, etcétera. Esas dos palabras son: *Estar presentes*.

Dime, ¿qué es lo que más quieres con relación a la vida de tus hijos?

¡Estar presente!

Me resultó imposible en ese momento de debilidad medir el impacto que la adquisición del celular eventualmente tendría en mi convivencia con mi pequeña Zoe. A veces lidio con una idea que posee el potencial de convertirse en la peor de mis pesadillas: sobre un ring visualizo a Zoe de réferi, anunciando el combate entre papá y su celular, de la siguiente forma:

—En esta esquina, con sesenta y cuatro bits, chip A8, procesador M8 y funda rosada, *el celular*. Y en esta otra, con setenta y tres kilos, mal afeitado, pasado de moda, muy cariñoso y con shorts rosa: el *Goddo*.

Por fortuna o por desgracia, ésta es una realidad que a todos los padres como yo nos tocará vivir y sobrevivir. Y para los jóvenes que estén leyendo estas líneas, no se preocupen, ya les llegará su turno, porque si hoy son los celulares, mañana serán otros artilugios cuando les corresponda a ustedes asumir la paternidad. No sé, a lo mejor el uso de robots con inteligencia artificial, amigos en hologramas, o androides como r2d2.

A veces resulta bastante difícil jugar el rol de padre, esposo, consejero, mentor, guía o líder para mantener el hogar, a la pareja, a la familia, a la empresa y a la sociedad, ya que en lugar de convertirte en *mister popularity,* con frecuencia terminas en el papel de *raro*, en especial cuando algunas veces tiendes a ir en contra de lo mediático, lo fácil o lo habitual, a pesar de ser más saludable, más sensato y más correcto. En algunas ocasiones, para los demás, lo saludable, bueno y congruente resulta ser lo más incómodo, difícil o poco placentero.

Ésta es una realidad que identifico como el costo de la evolución y de adaptarnos a una sociedad que desde muchos aspectos, como lo escribió el maestro Jiddu Krishnamurti,[4] "está profundamente enferma".

—Si de popularidad se tratara, te hubieses metido de político o de sacerdote —solía decirme mi padre en tono de broma cada vez que le venía con una queja acerca de la irracionalidad de la mente humana.

¿Cómo es posible que no seamos capaces de cambiar, incluso después de haber entendido lo que requerimos para traer bienestar integral a nuestras vidas? Todos esos pensamientos y cuestionamientos, sumados a la pérdida de mi querida amiga y lo acontecido durante mi conferencia esa mañana, me condujeron a cuestionarme.

Luego de arribar a casa, besar y abrazar a mis hijos y a mi esposa, hablar y reír, llegó la hora de acostarse. Les recordé a mis pequeños que no olvidaran preguntarse cuál era su propósito del día, en el afán de que desde su temprana edad desarrollaran el hábito de cuestionarse e identificar una razón para hacer de su rutina diaria un momento especial.

Los japoneses tienen una palabra para este concepto: *ikigai*, el cual no cuenta con traducción exacta al español, aunque se le atribuye un significado sumamente especial: "Tener una razón para vivir". Es un vocablo que utilizan los habitantes de Okinawa cuando quieren referirse al motivo para vivir. Si además se sabe que en este lugar se concentra un buen porcentaje de la población mundial que rebasa los cien años de vida, es interesante preguntarnos qué beneficios desconocidos por nosotros resultan cuando desarrollamos la habilidad de encontrar

---

4. Jiddu Krishnamurti, nacido en India, fue un conocido escritor y orador en materia filosófica y espiritual (1895-1986).

y declarar nuestro *ikigai* de cada día. Por este concepto se me ocurrió la frase que forma parte de la portada de mi primer libro: *Sólo se muere una vez, pero se vive todos los días.*

Quiero que desde la adolescencia mis hijos saquen provecho del poder de estimular su subconsciente, y qué mejor manera que una pregunta que los induzca y los ayude a encontrar un propósito para levantarse cada mañana.

Bastó un beso en la frente y en la mejilla, y un *buenas noches* para apagar la luz y dejarlos reunirse con Morfeo, el dios griego de los sueños.

Fui a mi estudio. Tenía mucho en qué pensar. Puse una pieza de guitarras clásicas como música de fondo, tomé mi diario de notas y apuntes, volteé a mirar a mi estatuilla de C3PO y comencé a platicarle. Como dije antes, con mi método *platícate* resuelvo dudas, externo lo que tengo en la mente, dejo fluir emociones, elaboro pensamientos, razono ideas y proceso los acontecimientos del día. Simplemente no tengo que preocuparme de lo que la estatuilla piense.

La "plática" con C3PO fue, como de costumbre, muy provechosa. Sería una maravilla si mi esposa le aprendiera un poquito a tan sabia figura… En fin son sueños de opio. Estaba a punto de dormir, cuando recordé la pregunta que giró en mi mente durante la mayor parte del día: ¿hacia dónde nos dirigimos como sociedad?

¿HACIA DÓNDE VAMOS?

La historia de los taladores de árboles es una analogía que me gusta mucho para ilustrar esa pregunta. No recuerdo bien si la escuché del profesor de literatura de mi hijo o si la leí en una edición de la revista *Selecciones*, pero se me grabó de tal forma, que cada vez que deseo representar ese punto sobre la dirección, suelo apoyarme en dicho relato.

En los bosques boreales de Canadá, una empresa especializada en la tala de árboles fue contratada para podar cerca de doscientas hectáreas de esas plantas perennes cuyo promedio de altura alcanza los cuarenta metros, y sus troncos, casi un metro de diámetro. La tarea consistía en talar en dirección oeste a este, por lo cual se requería un equipo de expertos taladores. Pero la época, las circunstancias y el presupuesto no permitieron a la empresa reunir a dichos especialistas, de modo que tuvieron que solicitar a dos experimentados conocedores en la materia que reunieran unos treinta inmigrantes y los capacitaran durante un mes antes de iniciar las labores. Así, comenzaron a preparar a los novatos, muchos de los cuales aceptaron el empleo para ahorrar unos dólares y luego enviarlos a sus familias. El equipo fue hábilmente instruido y semana tras semana demostraba un progreso notable. Comenzaron talando un promedio de trescientos cincuenta árboles por día. A las dos semanas, la mejora en su rendimiento fue sobresaliente y poco a poco se hicieron más expertos. Una vez habituados a las herramientas y a la técnica, su productividad creció de diez árboles diarios talados por hombre, hasta llegar a quinientos o seiscientos durante el mismo periodo.

Unas semanas después de iniciado el proyecto, impresionada por el porcentaje de tala alcanzado por el equipo, la empresa envió al campamento a un supervisor para que observara la habilidad colectiva que habían desarrollado los taladores.

Muy contento por lo atestiguado, a la mañana siguiente el enviado decidió ascender por la torre de control del centro de operaciones que se ubicaba a unos cuarenta metros de altura para supervisar el avance, pero al llegar arriba notó que el equipo se había desviado en dirección equivocada. El grupo de "estrellas" estaba talando hacia el noreste en vez de ir al rumbo deseado por la empresa. Consciente del error, el supervisor acudió de prisa con los taladores a pedirles que se detuvieran y advertirles sobre la equivocación. Les ordenó parar de inmediato y expresó:

—¡Deténganse! ¡Están talando en la dirección equivocada!

A lo que el capitán del grupo le contestó:

—Eso no importa. Lo importante es que ya agarramos ritmo y lo estamos haciendo bien.

¿No es eso lo que nos está pasando? Muchas veces nos hacemos expertos en talar hacia la dirección equivocada, a veces lo sabemos y a veces no, pero la verdad es que entramos en una zona tan grande de confort, que a pesar de estar conscientes de que vamos en la dirección equivocada, no paramos a reflexionar y ni siquiera intentamos cambiar. Por el contrario, simplemente optamos por ignorar el error y en lugar de buscar corregirlo, decidimos mantenernos ahí y terminamos por dañar nuestra salud, nuestra autoestima, nuestro respeto y nuestro nivel de congruencia. Simplemente aplicamos el piloto automático y es en ese momento cuando lo enfermo, lo incorrecto y lo irracional se transforma en lo normal, lo aceptable y lo habitual.

Llevemos esta analogía a la realidad y consideremos por un momento el efecto consciente o inconsciente que tiene sobre nuestra autoestima y nuestras relaciones. Tratemos de medir el impacto que tenemos en nuestras familias, amigos, colegas y demás círculos sociales, laborales o de convivencia. Cuando transitamos en la dirección equivocada —aunque vayamos a buen ritmo porque sentimos que lo estamos haciendo bien—, suele suceder que no lo notamos hasta que acontece algo que no deseamos y ya es demasiado tarde. Así lo demuestran los índices actuales de males como la obesidad, la diabetes, el estrés, el cáncer, los divorcios, etcétera, que alcanzan récords históricos de incidencia. Cuando estamos en *caída libre* es muy difícil darse cuenta o aceptar, es muy complicado despertar. Y así pasamos años, décadas y hasta una vida entera con el fatídico *síndrome del mañana,* esperando que todo cambie o mejore por arte de magia; compramos la idea y la absurda excusa del *no tengo tiempo*; convivimos con justificaciones, reproches y complejos que progresivamente van deteriorando nuestras vidas de afuera hacia adentro.

¿No es así como estamos siendo programados? Piensa un poco en cuál es tu excusa, cuál es tu historia para no dar ese paso y mantener esa línea de constante dirección al cambio hacia lo que quieres y deseas tener. ¿Por qué permanecemos atascados como sociedad con la excusa de que *la vida nos ganó* y la historia de *qué le vamos a hacer*? ¿Te parece bien dejarlo a lo que Dios quiera para justificar tu falta de salud, la decadencia de tu relación de pareja, la monotonía en la que se puede estar convirtiendo tu existencia, la superficialidad que envenena nuestras sociedades, la falta de elección por la incapacidad de no saber elegir porque la verdad es que ni siquiera sabes qué quieres o quién eres?

Ya ni siquiera nos preocupamos por cambiar ese enfoque para comenzar a reprogramar nuestro disco duro y provocar que ocurra la transformación. Encontrar maneras de modificar patrones, de rectificar el camino hacia donde estamos podando nuestro bosque, es un proceso complejo que comienza un día a la vez, un proceso que necesitamos revisar y celebrar cada veinticuatro horas, cada día, cada semana, cada mes y cada año. Ten presente que la conciencia de nuestros logros, esas pequeñas victorias privadas, esos triunfos públicos, nos ayudarán paulatinamente a generar hormonas de felicidad.

Busquemos las respuestas a las preguntas sobre quiénes somos y qué queremos; no vivamos víctimas del medio, de modo que nos sea posible salir airosos como seres humanos en pleno goce de nuestro bienestar integral. Pero para que ello ocurra, primero necesitamos conocernos, entender cómo funcionamos, saber del juego y sus reglas, volvernos expertos en este torneo que se llama vida, porque ¿sabes qué?, desde el momento en que tu mamita te parió lo empezaste a jugar y lo seguirás jugando hasta el día en que mueras. Por eso mi llamado a que juntos rediseñemos la estrategia, juntos aprendamos las reglas del juego y hagamos una poda que vaya en la dirección correcta.

> Si reflexionamos en la historia de la tala de árboles, y observamos con detenimiento, ¿lo que hacemos no es una tala con dirección equivocada al caer desmesuradamente en este juego de lo fácil, lo masivo y lo mediático, donde ya no hay tiempo para pensar? ¿En qué momento la calidad de vida pasó a un segundo plano?

Existen poderes naturales que en muchas ocasiones originan o revierten las cosas, que tienden a despertar la conciencia en la gente a veces con costos demasiado elevados. Dichos poderes nos prueban una y otra vez cuán equivocados estábamos al pensar o actuar como lo veníamos haciendo. La madre naturaleza, por ejemplo, es la campeona en acabar con esos usos y costumbres de creencias establecidas y de verdades a medias que se conocen como *paradigmas*, de convencer al más incrédulo. Prueba de eso son los tornados, las inundaciones, los terremotos, el hambre, la miseria, las enfermedades y las epidemias, que como lo relata la Biblia, hoy nos azotan cual pestes enviadas por Dios, como azotaron a un Egipto ciego y enfermo. Catástrofes que nos demuestran que hemos abusado de la explotación de un planeta, destruyendo sistemas, ignorando dignidades y cometiendo atrocidades por el simple afán de unos cuantos por llegar a los números a fin del año fiscal.

Es como si viviéramos al revés. Como si fuera un gran laboratorio, donde nosotros somos los ratones de experimento; el mercado, el área de ensayo-error; los medios son los científicos y las empresas contratantes, los dueños del laboratorio.

ENTONCES, ¿HACIA DÓNDE ESTAMOS YENDO?

Mi profesor de física en la escuela solía decir: "No memoricen, aprendan a pensar; imaginen cómo quieren ver el mundo. Sonrían, corran, descansen, coman bien, platiquen, lloren, compartan y den gracias porque son de los afortunados que pueden hacerlo, porque muchos en el mundo no poseen esas oportunidades".

Él no tuvo que ir a Harvard, ni ganar millones de dólares para entender eso. Mi querido maestro comprendió y vivió por un principio básico toda su vida. Y fueron la sencillez de su mensaje y la libertad de su sonrisa las que hicieron que mis compañeros de clase y yo simplemente amáramos la física y disfrutáramos la vida. Él nos ayudó a ser verdaderos expertos en bienestar.

EL INICIO DE UNA NUEVA FORMA DE VIVIR

Quiero invitarte a que juntos cambiemos la semilla de nuestra razón de ser y regresemos al principio para descubrir quiénes somos, y que esto de entender la ciencia aplicada del bienestar integral se vuelva algo que debemos hacer para rescatarnos, que sea un proceso divertido, donde dejes jugando a tu niño interior —como yo lo hice con el mío— con juguete nuevo; permite que se pierda y se porte mal, que se dé gustos. Anímate a recuperar tu autoestima, aventúrate a recobrar tu salud y a reconectarte con tu ser. Quiero que pienses en estas palabras y te des la oportunidad de replantear cuál es tu punto de partida.

La idea de recuperar tu vida basándote en conocer el juego y sus reglas es una invitación personal que te hago con toda la intención y el corazón. Es muy simple. Aprende a construir los pilares de tu bienestar, pero que ese aprendizaje no sólo se quede en intención, sino que se torne real. En este momento de tu vida, la aplicación es lo más importante, adoptar ese conocimiento, practicar y poner en buen uso lo que iremos aprendiendo. El objetivo es elevar nuestra línea de bienestar integral, de equilibrar nuestra vida, para que desde ese nivel puedas decidir darte los gustos que desees. Te aseguro —basado en mi experiencia personal— que con la práctica y el tiempo te sorprenderás de las elecciones que irás tomando, de cómo tus hábitos y tus talentos evolucionarán con naturalidad. Gandhi no se equivocó al decir: "El cambio empieza por ti". Me resulta fascinante concebir que seamos el motor de ese cambio, pero recuerda que el enfoque principal, el enfoque central, debe radicar en tu persona, porque esto lo harás primero por ti. Todo vendrá después. En este juego el egoísta es el bueno y el inteligente. Ese concepto es el *egoísmo altruista*; de esa manera lo asimilé y comprendí gracias a mi querido Tal Ben-Shahar.

No te pongas un abrigo para que tu vecino sienta frío.

¿Por qué lo hiciste primero por ti?

Para ser mejor para ti.

EGOÍSMO ALTRUISTA

En 1930, durante la gran recesión que sufrió Estados Unidos, una madre llegó a casa luego de haber trabajado todo el día para tener algo que llevarles a sus tres hijos esa gélida noche de invierno. Estaba cansada, débil, escasamente había probado bocado durante las últimas doce horas. Pero ella sabía que no podía fallar, tenía tres hijos que procreó con su difunto esposo, quien falleció de un infarto al corazón el día que les quitaron la casa.

Los pequeños esperaban en el sótano del edificio en Brooklyn, donde apenas podían pagar la renta. Los cuidaba el mayor de los tres hermanos, que a sus escasos nueve años tuvo que asumir el papel de padre porque necesitaba apoyar a su mamá. Ellos tenían frío y hambre, y aguardaban ansiosos a que su progenitora llegara a alimentarlos, a consentirlos y platicarles historias de fantasía que gustaban oír antes de ir a la cama. El primogénito consiguió leña para prender el calentador de la estancia y así poder resistir las bajas temperaturas que imperaban durante la noche.

La mujer por fin llegó, pálida y con calentura. Hizo un esfuerzo por fingir salud frente a sus tres vástagos. Se hallaba inmensamente cansada, frustrada porque sólo pudo conseguir un par de vegetales que le alcanzaban para un plato de sopa. Sabía que necesitaba calorías para ganar fuerzas y levantarse al siguiente día. Pero al ver la cara de sus retoños y sentir su hambre, decidió dividir el plato de sopa en tres y privarse ella. Luego de unas sonrisas de los niños y una historia, los cuatro se retiraron a dormir. La mamá nunca despertó.

Cuando leí por primera vez este relato, primero me sentí mal por la madre, pero luego de pensarlo un poco, por quienes debí afligirme era por los niños. Porque ese sacrificio le quitó la vida, esa falta de egoísmo es lo que, de acuerdo con la narración, le costó la oportunidad de seguir luchando por ellos.

¿Que si ella hizo lo correcto? Es probable. Que si ella murió en paz, no lo creo.

No conozco una madre que quiera dejar a sus hijos desamparados. Sé que esta historia es quizás un tanto extrema, pero estoy seguro de que para muchos que la están leyendo les resulte muy real y es aplicable como moraleja a muchas realidades.

¿Cuántas cosas dejamos de dar a los que amamos simplemente por el hecho de ponerlos primero y en el proceso privarnos de contar con la suficiente fuerza para seguir en el juego, o para siquiera poder jugarlo como se debe? ¿Cuántas veces por ese sentido de generosidad anteponemos el bienestar de otros antes que el propio?

¿Es una cuestión moral o un asunto de ciencia? Para dar, primero necesitas tener. ¿Cómo ofreces amor si no te amas?

¿Cómo enseñarás respeto si tú mismo no te respetas? De acuerdo con la historia, es probable que si esa madre hubiese pensado primero en ella, tendría las fuerzas para levantarse a la mañana siguiente y salir a continuar luchando por sus vástagos.

Concebir el egoísmo como algo positivo, al principio, me resultó hasta ridículo, sobre todo porque fui de los que creció en una sociedad castrante como lo era la Lima en la década de los setenta y ochenta, con raíces fuertemente arraigadas a la moral y a la Iglesia. La culpa y el egoísmo iban de la mano. Recuerdo a mi profesora de filosofía debatiendo en clase sobre ambos términos, los cuales eran sus temas favoritos.

La Dinni, que en paz descanse, nos definía con su grueso tono de voz, su postura y sus conceptos citando segmentos de la *Gran moral,* donde Aristóteles explica que para ilustrar y sustentar su posición, "egoísta es el que lo hace todo en consideración a sí mismo, en las cosas que le pueden ser útiles. El malo es egoísta, porque todo lo hace absolutamente para sí mismo. Pero el hombre honrado, el hombre de bien, no puede ser egoísta, porque obra en interés de los demás".

Mi querida exprofesora citaba a Mateo 19:29[5] y Filipenses 2:3[6] para sustentar su postura sobre el tema, porque además de sus conocimientos académicos, sus bases de fe y religión eran igual de importantes.

—Entonces —nos decía—, el catolicismo es totalmente contrario al egoísmo. Una persona que dice que practica el catolicismo y es egoísta, se engaña a sí misma, porque el que tiene a Dios padre en su vida, ama a los demás y da su vida

---

5. Biblia, Mateo 19:29.
6. Biblia, Filipenses 2:3.

por ellos, como Jesucristo nos enseñó. Un verdadero creyente, hombre y mujer de fe, vive para servir a los demás, no para ser servido. No hagan nada por egoísmo o vanidad; más bien, con humildad consideren a los demás como superiores a ustedes mismos.

Pero Ben-Shahar, mi *teacher*, tenía otra perspectiva del tema. Él se apoyaba más en la interpretación de Nietzsche,[7] porque afirmaba que para el filósofo prusiano, en el egoísmo reside el amor. Entonces, ¿qué es este concepto de *egoísmo altruista*? ¿Ser egoísta es bueno o es malo? ¿Por qué lo enseñan como una idea básica e importante dentro de la psicología positiva[8] en las clases de universidades como Harvard?

El concepto y la idea de *egoísmo* que aprendí en la escuela fue el mismo que reforzaban en casa mi madre y mi abuela. Entiendo que ellas tal vez no lo sabían, pero ese egoísmo se convirtió en el principal generador de culpa a lo largo de mi existencia. Qué osadía atreverme a anteponer mi persona para luego colocar a los demás. Eso era atentar contra los valores so-ciales, la moral cívica y religiosa que regía a la sociedad limeña en la que crecí. Cuando descubrí que la ciencia y los investiga-dores encontraron que la culpa es la causante número uno de la emoción de infelicidad, estuve días y meses dando vueltas al tema. Tenía todo el sentido del mundo, pero necesitaba pro-cesarlo, analizarlo, cuestionarlo y retarlo antes de aceptarlo y empezar a introducirlo en mi vida y mis programas. Luego de

7. Friedrich Nietzsche, *Aurora. Reflexiones sobre prejuicios morales*. Debolsillo, 2009.

8. La psicología positiva es una rama de la psicología que estudia las bases del bienestar psicológico y de la felicidad, así como de las fortalezas y las virtudes humanas, según Martin Seligman y Mihaly Csikszentmihalyi.

un par de meses de investigación, disertación y pláticas con amigos, alumnos y colegas, llegué a la conclusión de que es cierto. Puedo irme por las ramas y darme golpes en el pecho, pero al final si no me dedico a mí, no seré capaz de crecer ni cultivar lo mejor de mí, y por ende, no podré dar lo mejor de mí. Y si quiero ser un buen padre, un buen esposo, un buen colega, un buen maestro y demás, necesito ser bueno conmigo mismo.

Dicha línea de pensamiento me liberó de manera inexplicable. Fue como quitarme un peso de encima y romper las cadenas que me ataban. Trajo libertad a mi vida y profundidad a mi forma de ver el mundo.

Mi evangelio acababa de encontrar el rumbo a seguir. Deseaba saber e investigar más, aplicar y ponerlo a prueba. Con la práctica y los años, entender aquel concepto me ha servido como espero que te sirva a ti ahora. Por favor, date un tiempo para pensarlo. En ningún momento estoy apoyando a la gente egoísta que sólo piensa en sí misma sin importar las consecuencias, ni mucho menos; lo que apoyo y creo es que simplemente si no riegas tu árbol frutal, es poco probable que te dé frutos.

La verdad es que cuando mi querida maestra *Dinni* nos habló de Aristóteles y su postura negativa acerca del egoísmo, también olvidó mencionar que el sabio griego se refería al egoísmo como un desorden y un exceso de fijación en uno mismo.

Pero cuando la intención y la dirección cambian —y esa pasión desordenada se convierte en un enfoque ordenado y educado, para alcanzar un bienestar integral, para darnos la posibilidad de un espacio que descubrir y creer de adentro hacia afuera—, lo negativo se torna positivo y empezamos a sumar hacia un *bien mayor*. No obstante, ten siempre presente que comienza en ti, y que eres tú el único que lo hará. Nunca olvides que *nadie viene*.

Nadie descansará por ti, ejercitará tu corazón por ti, trabajará en tu relación de pareja por ti, organizará tu vida por ti, y con toda certeza, nadie vivirá tus próximas décadas por ti. Estoy seguro de que muchos querran elegir por ti, pero debes aceptar que nadie mejor que tú va a diseñar tu estrategia y ejecutarla.

Cuando Aristóteles escribió: "El egoísmo no es el amor propio, sino una pasión desordenada por uno mismo", pienso que quiso marcar una diferencia entre lo positivo y lo negativo, y me temo que la historia optó por lo segundo. No te ciegues a pensar que no eres una persona egoísta, porque desde el momento en que quieres vivir, comer, respirar, crecer, casarte, tener hijos, trascender, ayudar, dar caridad o hacer justicia, estás buscando sentirte bien.

No podemos ir en contra de nuestra naturaleza primaria a la sobrevivencia ni a la cerebral por la complacencia. El que quieras creer otra historia es cosa tuya, pero al menos, al exponerte estos pensamientos cumplo con el objetivo de este libro: hacerte pensar e inspirarte a cambiar.

Tanto la sabiduría judaica en la Torá[9] como la cabalística en el libro del Zohar[10] nos hablan de que un camino hacia el crecimiento es precisamente a través de un crecimiento personal, de un filtro de egoísmo y un proceso de eliminación de culpa.

Por eso, con el ánimo de crecimiento en miras a ser mejor primero tú para posteriormente ser mejor para los demás, considera estas tres declaraciones: *primero yo, segundo yo y tercero yo.*

No permitas que te digan lo contrario, porque mientras no dañes a tu prójimo al ser egoísta, sino al revés, lo hagas con el firme propósito de buscar ser mejor para poder ser lo mejor que puedes ser para los demás, sólo entonces podrás reclamar el título de ser un *egoísta altruista*.

Cambiar el chip ha sido uno de los retos más difíciles que he hallado en mi vida, pero me permitió desarrollar el concepto de la *trampa de la felicidad* y la metodología para progresivamente entenderlo, dejar de rechazarlo y aplicarlo. Y de eso hablaré en el siguiente capítulo.

Gran parte del cambio está en la aplicación, por lo que en este momento te invito a que te regales un momento y realices

9. La Torá es el documento más importante de la religión judía; está escrito en hebreo.

10. El Zohar es un libro, un comentario de la Biblia, estructurado como una conversación entre un grupo de amigos, eruditos y maestros espirituales.

conmigo este ejercicio. Escanea el código QR o escribe la siguiente liga en tu cursor; y yo te guiaré POR LOS PRÓXIMOS DIEZ MINUTOS para que realices las siguientes dinámicas. ¡VAMOS! ¿QUÉ ESPERAS?: <http://www.lastrampasdelafelicidad.com/ejercicio1>

EJERCICIO

◉ Escribe tres memorias que tengas presente en este momento. No lo pienses mucho, sólo escríbelas ¡ahora!

1. ....

....

....

....

2. ....

....

....

....

3. ....

....

....

....

⊙ Enlista las emociones que sentiste cuando las escribías.

....

....

⊙ Responde: esas emociones sobre reminiscencias de tu pasado, ¿te están anclando o liberando?

....

....

⊙ Cuál es tu *ikigai* (propósito) del...

Día: ....

Semana: ....

Mes: ....

Año: ....

Vida: ....

⊙ Escribe en las siguientes líneas cómo practicas tu egoísmo altruista:

Soy egoísta altruista cuando:

1. Invierto

....

2. Practico

....

3. Enseño

....

4. Dedico

....

5. Descubro

....

6. Aprendo

....

◉ Ahora responde las siguientes preguntas:

¿*Sentir* es lo mismo que *estar*?

....

....

¿Cuál es la diferencia?

....

....

◉ Tomando en cuenta tus respuestas anteriores, ¿cómo responderías a la siguiente pregunta:

¿Cómo estás?

....

....

....

◉ SEGUNDA
PARTE

A la mañana siguiente, luego de esa recarga de baterías con la familia, me levanté con ganas y fuerzas. Como dije, mi momento lo constituyen esos minutos tan preciados cuando todavía hay oscuridad y sé que mi mente me espera para dictarme ideas, para retarme a pensar, a procesar lo que quedó pendiente la noche anterior; por ejemplo: procesar la repentina partida de mi querida amiga Lorena.

Desde muy temprano no pude dejar de pensar en ella. Su funeral estaba programado para las nueve y media de la mañana. Debo confesar que siempre trato de evitar estos actos fúnebres pues nunca he sido bueno para las despedidas. La banda de amigos, o lo que quedaba de ésta, estaría allí, externando sus respetos a la familia, ofreciendo el último adiós a nuestra querida amiga. Manita, mi esposa, me aconsejó que acudiera solo, pues sabía que yo necesitaba platicar con mis viejas amistades. La gente llega a conocerte después de veintidós años.

Luego del funeral, Stuart —que viajó desde Los Ángeles— y yo fuimos por un café. Necesitábamos platicar, rendir tributo a nuestra amiga.

—Lorena fue una fiera guerrera que siempre supo cómo ganarle a la vida —me dijo—.

—Hasta que la vida le ganó —respondí yo.

—Vamos, no te sientas así —me confortó al tratar de alivianar mi tristeza.

—¿Por qué no dejamos fluir esta emoción en lugar de evitarla? Quiero que esa emoción me hable, que me dé la lección que hoy me toca aprender, que me ayude a madurar y procesar este concepto de incertidumbre, esta regla del juego que está ahí todo el tiempo y que no queremos ver. Estábamos en pleno proyecto, planeando la celebración de nuestros años de amistad. Tenía tantas ganas verla y recordar las palomilladas que hicimos juntos.

—Tienes razón, a mí también me duele su partida. ¿Recuerdas la vez que nos pidió fingir ser un trío para que el profesor que la pretendía la dejara de molestar? —me preguntó Stuart, cambiando de tono y provocando sonrisas y risas en ambos.

—Cómo lo voy a olvidar, sólo eso pudo ocurrírsele a ella. ¡Pinche gorda ingrata! ¿Por qué te fuiste? —exclamé con un par de lágrimas que corrieron por mis mejillas, mientras sonreímos.

Stuart ayudó mucho a Lorena, sobre todo cuando ella comenzó su carrera de estudios universitarios.

Ambos se conocieron en la época de universidad, cuando cursaban la carrera de arquitectura, profesión que Stuart abandonó al año de iniciada, porque se dio cuenta de que lo suyo no era el "diseño de casas o edificios". La verdad es que no toleraba a los profesores a cargo. "Esos decrépitos burócratas", como solía llamarlos; además, sabía que su vida siempre estaría arraigada a la ciudad de Los Ángeles, donde creció y eventualmente encontró su camino en el campo del desarrollo humano y la motivación.

Lorena, sin embargo, continuó hasta graduarse. Ella pertenecía a una familia de ascendencia italiana, originaria de Cerdeña, al sur de aquel país europeo. Era una joven hermosa, de profundos ojos verdes, cabello dorado, con el rostro lleno de pecas.

Cuando la conocimos tenía unos kilos de más, y eso provocaba que mantuviera su autoestima al descubierto. Era extremadamente susceptible a la influencia externa. Había probado bajar con muchas dietas y métodos, pero al final regresaba a lo mismo y hasta peor. El *rebote*, como solía llamarle ella. Culpaba a su familia, en especial a su madre, que no dejaba de presionarla para que se acabara los *platazos* de comida que solía servir cuando se sentaban a cenar todas las noches al regresar de la universidad.

—¡Olvida esas dietas estúpidas! —le decía la *mamma*—. El hombre que te quiera lo hará por lo que eres; además, ¿no te he dicho que al hombre se le atrapa por el estómago? Por eso tu abuela y yo cocinamos tan rico.

Pero Lorena no compartía la opinión de su *mamma*. Ella anhelaba ser amada por su talento, sentirse bien, pero de cualquier modo le resultaba difícil que entre su madre y sus cuatro hermanos mayores, todos varones, la respetaran y la apoyaran como deseaba.

Ya en innumerables ocasiones Lorena había intentado bajar de peso con diversas rutinas de ejercicios y dietas que le permitieran sentirse mejor, impulsada por la influencia de los medios que promovían un futuro promisorio si eras una joven esbelta, delgada.

Cada mañana, camino a la universidad, Lorena no podía dejar de ver el mensaje de un anuncio espectacular que asentaba: "Si tú eres el producto, ¿cuál es tu precio?"

El mensaje no se enfocaba en el bienestar, sino en la apariencia física como única vía para llegar lejos. Era la imagen de una joven en mallas, haciendo ejercicio, con dos apuestos varones que la miraban deseosos. Cada vez que Lorena observaba esa publicidad, sentía el deseo de probar una vez más.

Mi amiga estaba tan avergonzada de su figura, que evitaba hacer comentarios de su decisión de ejercitarse en aquel publicitado gimnasio. Prefería callar porque sabía que entre la *mamma*, la *nonna* y los cuatro hermanos, el *bullying* y la presión serían insoportables.

En uno de esos intentos, determinada como era, una vez llegó a perder hasta quince kilos y a sentirse mejor. Comenzó a percibirse más ligera, a entender y respetar su cuerpo. En apariencia, el mensaje y la imagen del anuncio espectacular surtieron efecto después de todo. Lorena se sentía feliz, experimentaba más energía y notaba cómo los muchachos de la universidad pretendían su atención y su interés con mayor frecuencia.

La *mamma* se convirtió en su peor opositora. ¿Cómo era posible que su hija estuviera perdiendo tanto peso? En un par de ocasiones fue llevada al doctor a que le hiciera exámenes. Los hermanos le reprochaban su egoísmo.

¿Cómo era capaz de hacer sufrir de esa manera a la pobre *mamma*, quien ya ni ganas de cocinar tenía porque sentía que su hija había perdido el apetito debido al sabor de sus platillos?

A Lorena no le gustaba ver sufrir a la *mamma*. Se sentía tan culpable que eventualmente se resignaba a decirle adiós a su nueva talla, y a darle la bienvenida a los quince o quizá veinte kilos que dejó vertidos en el gimnasio y a sus rutinas y horas de esfuerzo. Y así continuó repitiéndose esa historia, una y otra vez, durante el transcurso de su carrera, hasta que por fin se mudó a vivir sola con una compañera estudiante.

Lorena era una joven notablemente infeliz. Se le veía en los ojos. Conforme nos hicimos amigos y empezamos a compartir experiencias y vivencias, llegamos a entender que los amigos son la disculpa de la vida por la familia que nos tocó tener.

Los amigos y la amistad son un regalo y un privilegio que enriquece; son un premio cuando te toca vivir.

—Afortunados aquellos que pueden hacer de su familia (papá, mamá y hermanos) sus amigos —decía Stuart.

En lo personal, tengo en mi familia buenos amigos. Mi papá, mis hermanos Luis y Armando, y mi hermana Chabe, la *Paccarona*.

Al recordar la anécdota de Lorena, Stuart y yo coincidimos en que ella vivía en una *trampa de la felicidad*, y había caído en un *círculo vicioso* del cual no podía salir. Esta reflexión, junto con charlas posteriores al respecto que sostuve con colegas, estudiantes, profesores y c3po, aunadas a mis estudios e investigaciones, me inspiraron a desarrollar la teoría de la *trampa de la felicidad y el círculo vicioso*.

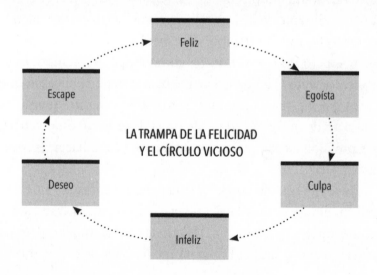

LA TRAMPA DE LA FELICIDAD Y EL CÍRCULO VICIOSO

Es un proceso primordialmente provocado por la insatisfacción o el estado de infelicidad, según mi definición. La gente tiende a moverse más por los estados de insatisfacción personal de diferentes índoles que por la búsqueda de la salud o el bienestar, donde el *punto de partida* es el deseo de salir de una circunstancia que identificamos como negativa para nuestra salud y nuestro estilo de vida. He conocido mucha gente que sin saberlo puede pasar su vida dentro de ese círculo vicioso. Cuando el individuo se encuentre aquí, la promesa o la aspiración a un futuro mejor no hacen más que incrementar la frecuencia del efecto. Son muy vulnerables al impacto mediático y social.

Cuando te encuentras dentro del círculo vicioso tiendes a estar más sensible y menos perceptivo. La idea de la felicidad y la aspiración a la misma se convierte en una esperanza de vida que vale la pena procurar, o en una lejana utopía que a veces nos resulta imposible de alcanzar. El riesgo a caer estará presente durante toda la vida. Es como vivir con el enemigo al acecho todo el tiempo, en especial cuando sabes que lo quieres, pero no tienes idea de cómo empezar. Siempre estamos conscientes de que existen situaciones de infelicidad que nos provocan querer cambiar. Pero todos sabemos que no se trata sólo de *querer*. Se trata de *hacer*. Este libro, esta ciencia, este programa, tratan cien por ciento de hacer, hacer, con ganas de hacer.

En el ejemplo de Lorena y la *mamma* lo podemos apreciar. Para mi amiga lo más fácil hubiese sido seguir la tradición y las costumbres familiares sin cuestionar ni incomodar; pero de forma natural o inducida por el medio, ella dejó de sentirse cómoda con su vida y sintió la necesidad de cambio; deseó un escape a su realidad sin saber exactamente qué hacer. Es ese el momento donde se activan las *conexiones de estancamiento* que son identificadas como parte del *círculo vicioso*.

Te lo pongo de otra forma: imagina que pretendo venderte un par de zapatos, con tacones de punta muy de moda, y todos los mensajes que te envío para ese propósito son sobre cómo te verías superbién si portaras ese calzado vanguardista. Cómo el usarlos incrementaría tu nivel de aceptación personal y el de tu entorno. Cómo te ayudarían a sentirte mejor y a elevar tu autoestima. Cómo tu pareja o los del sexo opuesto se verían atraídos hacia ti. En pocas palabras, cómo tu mundo entero cambiaría si llevaras puestos esos tacones. Ahora estás feliz. Pero, ¿qué crees?, dentro de unos meses comenzaré a decirte que tus tacones ya no son la última moda; es más, que estaban tan de moda que si los sigues usando la gente se va a dar cuenta de que te quedaste con un símbolo de retraso porque ahora no tienes los recursos para seguir el ritmo de los demás y de las tendencias del mercado. ¿No te parece agotador vivir al último grito de la moda, vivir corriendo, pendientes de lo que nos hace falta para seguir el juego de la mercadotecnia? Nunca estarás bien así, porque siempre habrá algo nuevo que te falta por adquirir para que te sientas bien contigo mismo.

Es un hecho que como seres humanos siempre vamos a buscar más, pero ¿no sería fantástico que eso que seguimos buscando sea algo que de verdad nosotros decidimos elegir?

La incursión en las ventas y la mercadotecnia me permitió entender cómo caemos con tanta facilidad en este proceso. Por contraparte, mi trabajo de tantos años en el mundo del desarrollo humano a nivel personal y empresarial me ayudó a entender más de cerca el problema.

El círculo vicioso y la trampa de la felicidad se caracterizan por presentar seis etapas:

1. Infeliz (inconformidad)
2. Deseo
3. Escape
4. Feliz (complacencia)
5. Egoísta
6. Culpa

LAS ETAPAS

Infeliz

En esta etapa, la persona experimenta insatisfacción o infelicidad por la sensación de carencia en su vida, o frustración por no conseguir algo que desea. Es lo que llamo *sensación de infelicidad*. Quien la sufre percibe un obstáculo, un vacío que evita sentirse pleno. Expresa ideas como:

- *Podría estar mejor si…*
- *Ya estoy harto de…*
- *Ya no puedo más…*
- *La vida es injusta…*

Te has preguntado ¿qué es ese *algo* que nos impide alcanzar la justa y deseada sensación de felicidad y de conformidad, cuando somos incapaces de estar satisfechos con lo que tenemos, sin que signifique que no podemos aspirar a más?

La infelicidad es una de las emociones básicas del ser humano, muchas veces relacionada con el estrés, la soledad, la depresión, y es la más vinculada con la tristeza.

Es en esta etapa donde surge uno de los flagelos —desde mi punto de vista— más terribles que azotan a la humanidad: el suicidio.

Según la Organización Mundial de la Salud (OMS), más de 400 millones de personas en el mundo sufren algún trastorno psíquico relacionado con esta etapa.

Cuando percibimos infelicidad, no motivación o monotonía, y permitimos que se convierta en nuestro *punto de partida*, estamos cometiendo un error. Si bien es cierto que sentirse infeliz o insatisfecho provoca que busquemos algo más, lo principal es *saber cuál es el propósito* al buscar un cambio de estado físico o mental. Para unos es un *motor de cambio* y para otros, un *motivo de escape* que justifica que donde estamos no es suficiente o no es soportable.

Cualquiera que sea tu punto de partida, debes saber y tener en cuenta cuál es el motivo, el gatillo o la chispa que provoca que busques ese cambio.

¿Cuál señal, palabra, autor, persona, personaje, experiencia, anuncio o película te motivó a desear y por ende a buscar ese cambio?

En mi caso, llegó a través de una de mis pasiones: la poesía. Se trata de un poema que me tocó y provocó mi curiosidad —porque también tuve mi época de poeta—. Es del poeta mexicano Juan de Dios Peza y se titula *Reír llorando*. Sus versos me permitieron observar desde temprana edad el impacto que la infelicidad puede tener en nuestras vidas si la dejamos progresar. Aquí les va:

Viendo a Garrik —actor de la Inglaterra—
el pueblo al aplaudirle le decía:
«Eres el más gracioso de la tierra
y el más feliz...»
Y el cómico reía.

Víctimas del *spleen*, los altos lores,
en sus noches más negras y pesadas,
iban a ver al rey de los actores
y cambiaban su *spleen* en carcajadas.

Una vez, ante un médico famoso,
llegóse un hombre de mirar sombrío:
«Sufro —le dijo—, un mal tan espantoso
como esta palidez del rostro mío.

»Nada me causa encanto ni atractivo;
no me importan mi nombre ni mi suerte
en un eterno *spleen* muriendo vivo,
y es mi única ilusión, la de la muerte».

—Viajad y os distraeréis.
—¡Tanto he viajado!
—Las lecturas buscad.
—¡Tanto he leído!
—Que os ame una mujer.
—¡Sí soy amado!
—¡Un título adquirid!
—¡Noble he nacido!

—¿Pobre seréis quizá?
—Tengo riquezas.

—¿De lisonjas gustáis?
—¡Tantas escucho!
—¿Qué tenéis de familia?
—Mis tristezas.
—¿Vais a los cementerios?
—Mucho... mucho...

—¿De vuestra vida actual, tenéis testigos?
—Sí, mas no dejo que me impongan yugos;
yo les llamo a los muertos mis amigos;
y les llamo a los vivos mis verdugos.

—Me deja —agrega el médico— perplejo
vuestro mal y no debo acobardaros;
Tomad hoy por receta este consejo:
sólo viendo a Garrik, podréis curaros.

—¿A Garrik?
—Sí, a Garrik... La más remisa
y austera sociedad le busca ansiosa;
todo aquel que lo ve, muere de risa:
tiene una gracia artística asombrosa.

—¿Y a mí, me hará reír?
—¡Ah!, sí, os lo juro,
él sí y nadie más que él; mas... ¿qué os inquieta?
—Así —dijo el enfermo— no me curo;
¡Yo soy Garrik!... Cambiadme la receta.

* * *

¡Cuántos hay que, cansados de la vida,
enfermos de pesar, muertos de tedio,
hacen reír como el actor suicida,
sin encontrar para su mal remedio!

¡Ay! ¡Cuántas veces al reír se llora!
¡Nadie en lo alegre de la risa fíe,
porque en los seres que el dolor devora,
el alma gime cuando el rostro ríe!

Si se muere la fe, si huye la calma,
si sólo abrojos nuestra planta pisa,
lanza a la faz la tempestad del alma,
un relámpago triste: la sonrisa.

El carnaval del mundo engaña tanto,
que las vidas son breves mascaradas;
aquí aprendemos a reír con llanto
y también a llorar con carcajadas.

El verso que dice: "Ay, cuántas veces al reír se llora", expone de una manera tan sutil, clara y contundente ese juego social que con frecuencia se practica mal. Cuánta gente conocemos que vive pretendiendo ser feliz, que mira a su alrededor y no entiende cómo teniéndolo todo, siente que no tiene nada. ¿Conoces a alguien así?

Cuando la búsqueda de la felicidad es provocada por un deseo mal infundado como la infelicidad, es lo que yo llamo un *punto de partida equivocado*. Y es precisamente cuando debemos ser más cuidadosos, porque es muy fácil confundir el sentimiento de felicidad con el pensar que estamos en bienestar.

Si de pronto ocurrió algo que me hizo sentir bien, no significa que ya estemos en bienestar y que los problemas se arreglaron. La sensación de felicidad no es lo que nos lleva al bienestar integral; por el contrario, el bienestar integral sí nos conduce a la sensación de felicidad.

En definitiva, un estado de bienestar integral permanente provocará que generemos conexiones neuronales que ayuden a sentirnos felices de forma natural y habitual.

—No quiero estar así —decía Lorena, haciendo referencia a su realidad. Ése era su motor, el subconsciente hacía el resto del trabajo.

Su *ikigai*, o propósito de vivir, se convirtió en un banal deseo por transformar su físico. Pero notemos que ese deseo partía de su obsesión por querer cambiar. ¿Por qué?

Sin darse cuenta, buscaba escapar de su realidad y su deseo no fue más que una expresión de refugio de una realidad que en su propia casa no la dejaba de martirizar.

Vivimos en la época de mayor abundancia económica desde que el ser humano existe sobre la faz de la Tierra; sin embargo, nos encontramos con millones de personas en el mundo con los índices de estrés más elevados de la historia.

Me quedé impresionado cuando leí que, de acuerdo con cifras de la OMS, el suicidio es la segunda causa de muerte en el mundo en los jóvenes entre quince y veintinueve años. En 2012, por ejemplo, se suicidaron casi un millón de jóvenes.[1] Lo veo entre mis estudiantes y sus familiares, pero hay un caso que me dejó dolido por mucho tiempo y de alguna manera me marcó; te lo quiero compartir:

---

1. 804, 000 jóvenes se suicidaron en el año 2012. Fuente: OMS.

El 11 de agosto de 2013, a las 07:28 de la noche, me encontraba con mi esposa en el cine cuando recibí un mensaje de WhatsApp que decía:

"Hola, estoy pasando por un problema muy grave. Y estoy muy mal".

"¿Qué tienes? ¿Quién eres?", respondí.

"Soy Jana, del Facebook, ¿se acuerda? He estado mal, ¿sabe? ¿Me podría ayudar?"

El 12 de agosto le marqué sin obtener respuesta. El mismo día le envié un WhatsApp diciendo: "Te marqué y no me contestaste".

El 13 de agosto, por la mañana, recibí otro mensaje que decía:

"Ya no marque, mi hermana se suicidó y la estamos velando. Soy su hermana, me llamo Carmen, estamos devastados. Estuvo internada y murió porque se colgó de aquí, de mi casa, con la regadera. Así que creo que sus traumas pudieron más y murió. No puedo dormir sin dejar de ver su imagen cuando la encontré ahorcada. No lo puedo olvidar".

Nunca tuve la suerte de conocer a Jana, y me parte el corazón no haberla podido ayudar. No haber llegado a tiempo. Este libro es para mí una manera de saludarte y de llegar a tiempo.

Cuando conocí a Carmen, lloramos juntos y le prometí que en la medida que estuviese a mi alcance yo dedicaría todos mis esfuerzos por ayudar a quienes lo necesiten; por eso en este segundo apartado quiero compartir contigo un informe que espero encuentres útil.

Existen mitos y realidades que quiero mencionar alrededor de este tema. En un reporte publicado en 2014, por la

World Health Organization,[2] encontré publicado el siguiente texto que puede ser útil y apropiado citar, para ayudar a alguien que lo necesite:

Mito: La gente que habla de suicidio no lo llega a hacer.
Realidad: La gente que habla de suicidio es probable que esté buscando ayuda. Un número significante de casos que contemplan el suicidio experimentan ansiedad, depresión y desesperación, y quizá sientan que no hay otro camino.

Mito: La mayoría de los suicidios pasa de repente, sin aviso alguno.
Realidad: La mayoría de los suicidios han sido precedidos por señales verbales o físicas de alerta. Es cierto que hay suicidios que ocurren sin aviso alguno, pero es importante entender que las señales de aviso se dan, o sea que hay que estar atento a ellas.

Mito: Alguien que es suicida está determinado a quitarse la vida.
Realidad: Por el contrario, la gente que es suicida, frecuentemente es ambivalente entre la vida o la muerte. Puede que algunos sean impulsivos y tomen acción para quitarse la vida, pero se sabe que muchos de ellos hubiesen querido seguir viviendo. Tener acceso a un soporte emocional en el momento adecuado puede prevenir un suicidio.

Mito: Cuando una persona es suicida, siempre lo será.
Realidad: El mayor riesgo por un suicidio es frecuentemente de corto plazo y por una situación específica. Mientras que los

2. World Health Organization, *Estudio sobre el suicidio. Mitos y realidades,* pp. 15, 29, 43, 48, 53, 65. WHO es una agencia de Naciones Unidas que se especializa en la salud a nivel internacional. 2014

pensamientos suicidas pueden reaparecer, no son permanentes, y un individuo con precedentes puede vivir una larga vida.

Mito: Sólo gente con desórdenes mentales es suicida.
Realidad: El comportamiento suicida indica infelicidad profunda, pero no necesariamente trastorno mental. Muchas personas que viven con trastornos mentales no están afectadas por la conducta suicida, y no todas las personas que se quitan la vida tienen un trastorno mental.

Mito: Hablar sobre el suicidio es una mala idea y puede interpretarse como apoyo.
Realidad: Dado el estigma generalizado alrededor del suicidio, la mayoría de las personas que lo están contemplando no saben con quién hablar. En lugar de promover una conducta suicida, hablando abiertamente pueden darse otras opciones individuales para repensar su decisión, lo que impide el suicidio.

Lamento no haber podido ayudar a Jana o a su familia, y la verdad es que nunca supe más de ellos, pero fue una experiencia que me marcó. Nunca la conocí, pero hasta el día de hoy no dejo de pensar que tal vez si ella hubiese mencionado algo más en su mensaje, quizá yo hubiera intentado hacer algo más. Lo peor de todo es que este tipo de casos se repiten en cientos de miles por año, como confirma la estadística señalada. México, el índice de suicidios incrementó de 11.3% a 25% en 2012.

¿Por qué crees tú, amigo lector, que inició mi teoría de la trampa de la felicidad y el círculo vicioso a la infelicidad como el punto de partida?

Tendemos a considerar la solución a un problema cuando ya lo tenemos encima, lo cual nos mantiene en un *estado reactivo* por excelencia. Dejamos que el bienestar integral y sus beneficios sean consecuencia y reacción en vez de ser motor y pro acción.

Es probable que nuestra naturaleza primaria, que busca sobrevivir, y nuestro natural deseo por sentir placer, se estén acomodando de forma hedonista y cambiante para contemplar una realidad que sólo responde a estímulos de dolor, como por ejemplo la presión que sentía Lorena por no verse obesa. Conforme lo vimos en su historia, ella buscó el gimnasio y las dietas para dejar de sentirse mal, no para buscar salud, sino para refugiarse de su realidad. Lo que buscamos o deseamos no debe ser una escapatoria para evitar o ignorar lo que nos produce dolor. No he conocido doctor alguno que sostenga que es posible curar un tumor cerebral atacando el síntoma con una pastilla para el dolor de cabeza. La idea no es curar el síntoma, sino la enfermedad.

Ve a la siguiente liga para hacer el ejercicio con Eduardo:
<http://www.lastrampasdelafelicidad.com/ejercicio2>

EJERCICIO

⦿ A continuación encontrarás unas preguntas que te pueden ayudar a encontrar si en efecto estás atrapado en el círculo vicioso.

» ¿Sientes que repites un hábito, una rutina o situación que te hacen sentir frustración, molestia, malestar, insatisfacción u otra emoción similar?

» ¿Prefieres ignorar ese hábito, rutina o situación, porque sabes que no puedes remediarlo a pesar de haberlo intentado antes?

» ¿Qué o cuántas veces has intentado cambiarlo?

» ¿Te gustaría cambiarlo?

» ¿Cuándo y cómo fue la última vez que lo intentaste?

Deseo

Esta etapa se origina como una consecuencia de la etapa anterior. En el caso de Lorena, su deseo de cambiar era motivado por dejar de sentirse infeliz. Si bien es cierto que el deseo forma parte de la naturaleza humana, la inducción al mismo puede provenir —y me atrevería a asegurar que la mayoría de las veces— de factores externos que generan la sensación de inconformidad e insatisfacción con nuestra realidad.

No es ningún secreto que una de las razones que sustentan a la publicidad es crear ese deseo que se traduce en la necesidad de consumir, de seguir buscando afuera lo que no soy capaz de cultivar adentro. El reto de todos los días es encontrar la fórmula para que mi publicidad, entre todo el océano de anuncios que bombardean a diario al potencial consumidor, sea el que impacte y venda.

La industria publicitaria sigue vendiéndonos la idea de un futuro que será mejor. La publicidad es especialista en mantenernos en un perpetuo estado de infelicidad: lo que hoy es el último grito, mañana habrá pasado de moda.

Un ejemplo preciso de lo anterior es el iPhone. Hagamos la cuenta juntos: De 2007, cuando fue lanzado el primer modelo, a la fecha, ya tenemos las versiones 1, 2, 3, 4, 5, 6 y 7, que me imagino un día será sustituido por el... iPhone 20.

Ése es uno de los principales objetivos de la publicidad, crearnos un deseo materialista que nos lleve a un acto compulsivo de comprar, y por ende, gastar y gastar más dinero.

Mi postura no va en contra de que nos vendan productos o servicios, a final de cuentas el objetivo de Apple es seguir vendiendo cuanto más pueda, es parte del sistema. Y qué bueno, porque yo soy usuario de sus productos, los cuales me gustan porque son buenos. Mi computadora portátil tiene cuatro años y aún me sirve como nueva; el iPhone lo he cambiado sólo cuando se me ha roto porque lo dejé caer o si lo llego a perder.

La postura que asumo al respecto es que para mí, la computadora móvil o el celular son herramientas de trabajo y no artículos que tengo que cambiar cada que el fabricante desee lanzar algo nuevo al mercado. Tengo claro lo que necesito de estos aparatos y para qué me sirven. Yo decido cuándo me toca renovar mis equipos. Nadie lo elige por mí. Pero cuando no tenemos claro lo que queremos, cuando no sabemos estar satisfechos con nuestra realidad porque probablemente no la conocemos, y corremos cada vez que nos dicen qué hacer, esa emoción provoca un sentimiento que termina en un deseo de seguir buscando algo que "nos hace falta para sentirnos felices o completos".

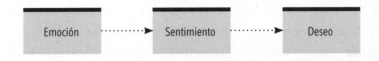

Cuando crecí, mi padre —quien me ama y sé que daría su vida por mí—, sin saber el daño que me causaría, me enseñó que los hombres no lloran. Me transmitió como enseñanza lo que él y otros recibieron de sus respectivos progenitores; una serie de ideas obsoletas producto de una sociedad encasillada y llena de paradigmas.

Ese aprendizaje que cultivé con firmeza desde que tenía cinco años marcó mi vida y mi proceso de evolución emocional. Imagínate, yo, que desde los trece años escribía poemas, que siempre fui una persona emocionalmente receptiva, me la pasé casi la mitad de mi vida huyendo de expresarme, de comprometerme más allá de lo que un hombre que no llora puede tolerar.

Una vez, en Santiago de Chile, una señora se me acercó a vender botones, hilos y agujas. Me extrañó que alguien con apariencia pulcra y refinada estuviese inmersa en labores de ambulantaje. Curioso, le pregunté por qué vendía botones en vez de trabajar en una oficina o un comercio. Me contó que su esposo acababa de fallecer y la dejó en la ruina, junto con sus cuatro hijas. Su historia me conmovió tanto que la invité a comer, compré alimentos para sus hijas, y cuando terminamos le regalé cien dólares. Ella me miró, y con lágrimas en los ojos me dijo:

—Muchas gracias, Eduardo, que Dios te bendiga a ti y a tu familia.

Cuando me di cuenta de que estaba a punto de llorar frente a aquella dama, le di las gracias y salí corriendo. Recuerdo que tenía un nudo en la garganta porque no fui lo suficientemente hombre para inhibir la sensación de llanto. Esa circunstancia se repitió durante muchos años de mi vida: ayudar a alguien me producía tal sensación de plenitud y bienestar, que hasta las lágrimas se me salían, pero debía contenerlas, pues tenía inoculada esa idea de mi padre de que los hombres no lloran.

Conforme crecí, arrastré ese bloqueo emocional a mi vida adulta y a mis relaciones. Viví con la impotencia de no poder externar mis sentimientos, por no estar a la altura de las enseñanzas paternales. Simplemente porque no podía llorar, empecé este camino de negación expresiva, la doble vida emocional, como yo la llamo. La vida donde mis lágrimas y mis emociones eran sólo para mi pluma, mis poemas y mis pensamientos. Entonces mis deseos se convirtieron en expresiones prestadas, robadas de comerciales, de fotos, de películas, de la realidad de otros en quienes hallaba la libertad que no pude tener hasta pasados los veintidós años, cuando conocí a Karima.

No se equivocan al decir que la vida es la escuela más costosa y completa que puedes tener. Yo deseaba expresar amor, entregarme a una mujer sin restricciones emocionales, y fue esta joven de veinticuatro años, en la ciudad de Montreal, con la que por primera vez, a la edad que ya mencioné, logré superar esa prueba. Sólo anhelaba expresar mis propias emociones, ignorar la razón, y hacerle caso a esa zona del cerebro que nos permite ser viscerales: la amígdala.

Está de más decir que Karima, mi primer gran amor, una marroquí-francesa que enamoró hasta la fibra más profunda de mis huesos, fue el George Washington de mi independencia emocional. Con ella rompí esas cadenas que me ataron durante mi adolescencia y mi temprana edad adulta. Con ella decidí ignorar toda lógica y dar el paso hacia mi liberación emocional. Sabía a lo que me enfrentaba, acepté el riesgo y cuando por fin nuestra borrascosa relación se extinguió, lloré como nunca había llorado jamás por nadie en mi vida. Fue doloroso, pero, sin lugar a dudas, muy liberador. Una devastadora experiencia emocional de trescientos sesenta grados.

Hoy en día, después de tantos kilómetros recorridos, analizo con mucho cuidado lo que deseo. Procuro saber por qué. Qué me lo provoca y cuál será mi beneficio. Si es algo positivo para mí o simplemente un antojo. Si tiene prioridad y justificación pero sobre todo cuál es mi punto de partida para desearlo.

Si estás en la etapa infeliz, y eso te provoca un deseo por cambiar, entonces es mejor que te detengas a pensar y observar el beneficio del lado opuesto, encontrar lo que quieres alcanzar en vez de enfocarte en lo que no quieres sentir.

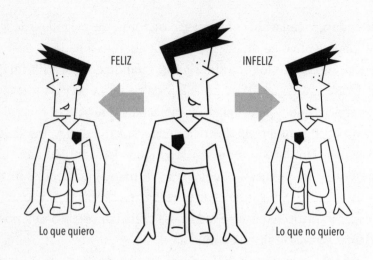

Por eso te invito a que te preguntes dónde estás. *¿Cuál es tu punto de partida?* No importa el momento de tu vida, siempre es bueno encontrar la oportunidad para cuestionarnos, para pensar. Para darnos cuenta de si las *karimas* que estamos enfrentado nos complementarán o nos destruirán.

Para saber si tu punto de partida está a tu favor o en tu contra, responde a las siguientes preguntas:

- ¿Cuál es el motor de tu vida?
- ¿Qué mueve tu deseo, la búsqueda del bienestar o el miedo?
- Identifica qué te motivó o inspiró a emprender tu nuevo objetivo. ¿Cuál fue la señal, la palabra, la persona, el autor, el personaje, la experiencia, el comercial, el anuncio o la película que despertó en ti ese deseo?
- ¿Qué es lo que deseas cambiar en tu persona, rutina, relación, trabajo, vida?
- ¿Por qué lo quieres cambiar?
- ¿Qué deseas obtener a través del cambio?

Escape

La tercera etapa es el *escape*, y representa la aparente salida o solución (*sacar cuerpo*) a un asunto, en especial si es problemático o implica alguna dificultad. En términos de psicología, el escape es un *mecanismo del condicionamiento instrumental*, término introducido por el psicólogo y pedagogo estadounidense Edward Thorndike, considerado el creador de la psicología conductista y de la *ley del efecto,* la cual nos habla de la forma de aprendizaje. Cuando algo que aprendemos está relacionado con una respuesta positiva —como lo practicaba el famoso psicólogo ruso Iván Pávlov, célebre por su trabajo en el condicionamiento animal y humano—, reforzará la asociación a esa forma de aprender estimulando en la persona la respuesta emitida. Esta última será asociada entonces al estímulo, el cual reforzará el aprendizaje.

Según la referida ley, las respuestas que sean seguidas de consecuencias agradables o reforzantes serán asociadas al estímulo y tendrán mayor probabilidad de ocurrencia cuando éste vuelva a aparecer.

Cuando, por el contrario, la respuesta al estímulo tiene una respuesta negativa o adversa, la asociación se debilitará, y eventualmente la ocurrencia será menor. En este caso deberíamos asumir que cuando hay un reforzamiento negativo, supuestamente el estímulo negativo debería terminar.

Si fuera así de fácil, bastaría con asociar respuestas negativas para apagar actitudes negativas, pero no lo es. La mente humana no responde sólo de manera negativa a estímulos negativos, ya que no es un tema de estimular al individuo una sola vez, sino de repetir ese estímulo negativo hasta que se produzca la ruptura entre éste y la respuesta.

El descubrimiento de tal capacidad de nuestro cerebro para formar y reformar redes neuronales a partir de nuestras experiencias, es decir, la habilidad de moldearse con el aprendizaje, se conoce como *neuroplasticidad*, y nos enseña que para eliminar una asociación no basta con lo racional, necesitamos establecer fuertes conexiones emocionales con efecto o resultado negativo; si lo que buscamos es remplazar hábitos negativos por positivos, lograremos eliminar el hábito negativo, y sustituirlo por otro que resulte más benéfico para nosotros, como lo propone Charles Duhigg[3] en su libro, *El poder del hábito*.

En la práctica, mercadólogos y publicistas han encontrado que si el refuerzo negativo viene ligado al placer, a emociones positivas, entonces en vez de que la recurrencia sea menor, por el contrario, se incrementará de manera considerable. En este caso, la frecuencia de la acción adversa no cumplirá el fin de debilitar la conexión entre estímulo y respuesta, sino que en alguna medida parecería tener consecuencias de placer en vez de manifestar respuestas negativas. Por ejemplo, cuando tomas alcohol en exceso y al día siguiente te levantas con una cruda espantosa. Es obvio que nuestro cuerpo, en especial para los que ya pasamos la barrera de los treinta y cinco años, resentirá la desvelada y el exceso de sustancias externas que principalmente matan neuronas y dañan células. A pesar de saberlo y sentirlo, la conexión neuronal relacionada con la diversión de la noche anterior es muchas veces más fuerte por la emoción que genera el evento: la música, los amigos, el espectáculo, el alcohol, las carcajadas, las miradas y todo lo que pueda sumar a esa experiencia. En este caso el individuo pondrá en segundo

3. Charles Duhigg, *El poder del hábito*. Penguin Random House, 2014.

plano la reacción y el efecto de su cuerpo el día después, y cederá a la tentación por repetir la experiencia una y otra vez hasta que un motivo de fuerza mayor lo obligue a detenerse o a cambiar de patrón de conducta.

Cuando nuestro punto de partida se convierte en un escape a una realidad que no nos gusta o nos hace miserables e infelices, como maestros y guías cometemos el primer gran error, porque nuestro enfoque se torna en dejar de sentir o vivir la experiencia, en vez de enfocarnos por encontrar vivencias o experiencias abundantes o saludables que le traigan bienestar a nuestra vida. Es ahí donde fracasamos en el intento de transmitir acertadamente la idea de que la vida es un proyecto de mediano y largo plazo, que requiere satisfacciones y *feedback* de corto plazo pero que no necesita un premio inmediato para saber a éxito. Necesitamos aprender a reconocer, como lo hacen los japoneses, el culto a la virtud de la perseverancia y la paciencia, pues en esta carrera no es más exitoso el que más rápido llega, sino el que se mantiene en el torneo por más tiempo. Porque a pesar de que la mayoría de la gente vive pensando en los cien o cuatrocientos metros, existe una carrera que requiere mucha más condición física y mental, esa que se parece más a un maratón de cuarenta y dos kilómetros.

Pero cuando estamos dentro del hoyo, es muy difícil apreciar el horizonte, el largo plazo y la competencia de fondo, lo único que podemos hacer es mirar hacia arriba y buscar la luz que emana del extremo opuesto para procurar salir como sea. Es en ese momento cuando más necesitamos el apoyo de otras personas para que nos guíen y nos ayuden a salir del abismo, a enfocar la dirección y encontrar el propósito por el cual valga la pena continuar en la carrera. Ésas pueden ser personas como tú y como yo, que están buscando lo mismo, y te puedo asegurar que se hallan más cerca de ti de lo que te imaginas. Porque todos queremos siempre vivir mejor y mejorar.

No me cansaré de recalcar la importancia de hacer un alto en esta etapa, pues es la que nos lleva a decidir. A dejar a la pareja, a renunciar al compromiso, a salir de compras, a entrar en el cine, a irnos de viaje, a comer más de la cuenta, a buscar la fiesta, a renunciar al trabajo, a romper la dieta o a iniciar una nueva, a creer en Dios, a buscar la fe, a decir *sí quiero*, a proponer, etcétera.

Es en esta etapa donde estamos más propensos a caer en la trampa de la felicidad exprés y donde estamos más dispuestos a comprarla. Como el alquimista de la Edad Media que vendía la fórmula de la juventud, nunca faltará quién esté al acecho para garantizarnos la solución inmediata a todos nuestros problemas. De Tal Ben-Shahar, profesor de Harvard, aprendí a enfocarme en tratar la enfermedad y no en los síntomas. No necesito vivir poniendo curitas a la herida, ni zurciendo el calcetín con hilo invisible. Necesitamos concentrarnos en la causa para detener el origen y pasar a la cura total.

Recuerdo la historia de una represa en China que empezó a quebrarse y conforme se filtraba el agua empezó a inundar pueblos a su paso. Todos los habitantes asustados buscaban detener el cauce del río, poniendo barracas, alineando sacos de arena, lo cual detenía el volumen del agua hasta que la misma superaba cualquier muro de contención. Por la desesperación y el miedo todos los esfuerzos se enfocaban en esas tareas. Entonces, un viejo sabio que observó con calma todo el panorama desde una montaña no muy lejana, y que vislumbró que eventualmente el mismo río inundaría su pueblo, aconsejó ir a la presa y parchar las quebraduras por donde se filtraba el vital líquido.

Buscó ayuda entre su gente y entre quienes quedaban de otras poblaciones aledañas que habían optado por huir de la corriente. Con ellos formó un pequeño grupo de voluntarios que lo escucharon y entendieron que su propuesta, aunque en apariencia más difícil y peligrosa, era la solución para detener las inundaciones. Eventualmente la presa fue reparada y la filtración de agua se detuvo. El río bajó su cauce y los pueblos empezaron a reconstruir lo perdido.

Hubo algunos líderes que decidieron escuchar al sabio y optaron por reforzar la presa, como hubo otros que no quisieron entender y decidieron construir muros de contención a lo largo del borde del río.

De la misma manera que el ejemplo anterior, existe gente que prefiere quedarse contenta con esos muros de contención porque sencillamente piensa: "De algo tengo que morir", como hay personas —y gracias a Dios son cada vez más— que entienden que se debe encontrar la presa y enfocarnos a reforzarla para que nunca tengamos más inundaciones que destruyan los pueblos de nuestro valle.

La etapa del escape es crucial porque nos lleva a decidir, nos conduce a actuar. Es importante tener, como el viejo sabio, una visión más amplia del valle que nos permita saber dónde está la quebradura en nuestra presa, de modo que en vez de pasarnos la vida tomando pastillas para un aparente dolor de cabeza, sepamos la ubicación de ese tumor. Mucho más importante es saber qué hacer para evitar que dicha tumoración se origine. El escape es producto de la emoción, de una cadena que empieza a malinformarse cuando partimos de la infelicidad por ignorar lo que de verdad nos pasa.

Ve a la siguiente liga para hacer el ejercicio con Eduardo: <http://www.lastrampasdelafelicidad.com/ejercicio3>

EJERCICIO

⊙ Toma lápiz y papel y responde las siguientes preguntas:

1. ¿Qué acciones has adoptado para contrarrestar la sensación de infelicidad que experimentas en tu vida?
2. ¿Qué provocó esa acción? ¿Fue una sensación de infelicidad o felicidad?
3. ¿Qué acción has decidido emprender para cambiar lo que el estado infeliz te provoca?
4. ¿Cuentas con las herramientas y el tiempo para emprender esta acción?
5. ¿Qué sacrificarás para comprometerte con esa acción que vas a emprender?

Feliz

La fase que llamo *feliz* se refiere a la emoción de satisfacción y certeza de que estamos haciendo lo correcto. Comenzamos a sentirla una vez que iniciamos el proceso de *escape*, y es producida por la fase de *deseo* que se origina, que tiene como punto de partida la fase denominada *infeliz*: ese sentido de inconformidad que en apariencia nos induce a crecer porque queremos algo más, porque estamos buscando aquello que no tenemos. Uno de esos tres puntos que cita Ellen Langer, psicóloga de Harvard —que ha consagrado su vida a la investigación por el concepto que ella describe como *mente plena* (*mindfulness*)— es: queremos estar permanentemente en otro lado, queremos llegar rápido y queremos ser otra persona.

Pero ¿qué es la felicidad o cómo definimos esta conexión de estancamiento llamada *feliz*?

Cuando estudié psicología positiva con Tal Ben-Shahar, y ahondé en mi investigación, descubrí que la felicidad no es un estado permanente, es una simple emoción. Me pregunté entonces: ¿por qué la gente se obsesiona tanto en su búsqueda? ¿Quiere decir que el propósito en la vida es sentirse feliz, ignorando todas las demás emociones que nos hacen seres humanos? La interpretación de la palabra *felicidad* encierra muchos significados. Está relacionada hoy en día con estar bien y con bienestar. Y eso es algo peligroso y está errado, porque en el momento en que lo simplificamos tanto, abrimos la puerta a las sobrevendidas soluciones exprés y a compensar la falta de dedicación, constancia y tiempo que merece una vida en *bien-estar*, con placebos y soluciones relámpago, que acomodan la realidad actual caracterizada por la falta de tiempo y la excesiva competencia. Entre otras razones, precisamente por eso nos prestamos a escuchar a tanto charlatán que asegura poseer el secreto de la felicidad, como en la Edad Media lo hacían quienes proclamaban tener la fórmula de la eterna juventud.

La felicidad es el camino para lograr el éxito y no a la inversa.

En su libro *Tropezar con la felicidad*, Dan Gilbert, profesor, psicólogo y escritor de la Universidad de Harvard, propone que el éxito no es el camino para lograr la felicidad, sino que la felicidad es el camino para lograr el éxito. Es algo que aprendí durante mi época de estudiante universitario.

Desde el punto de vista biológico y científico, la felicidad no es el propósito de la vida, sino el mero resultado de una actividad neural fluida, donde los factores internos y externos se combinan para estimular el sistema límbico.

Para la mayoría de la gente, la felicidad es el estado de ánimo de la persona que se siente plenamente satisfecha por gozar de lo que desea o por disfrutar algo bueno. Pero es necesario tener cuidado, porque *disfrutar algo bueno* no significa que siempre tiene que salir todo bien o como queremos. Por ejemplo, mi matrimonio es algo bueno para mí; sin embargo, por más amor, respeto y compromiso que exista entre mi esposa y yo, hay mucho en la relación que no funcionará como queremos y por ende no necesariamente nos va a provocar la sensación de que todo debe ser siempre lindo y perfecto.

Tengamos claro que la felicidad es una emoción, que se debe expresar en frases como: "Me siento feliz", "Qué feliz me siento porque algo nos salió como queríamos", o "Qué feliz me siento con la vida que tenemos".

Una definición que me gusta mucho es la siguiente: el hombre que es feliz es aquel que puede serlo con aquello que posee. No quiere decir que no anhele más de lo que tiene, pero no necesita más de lo que ya posee para sentirse bien consigo mismo.

Lo preocupante es que la publicidad y muchos intereses están abusando y sobreexplotando el término, a tal punto que no escatiman esfuerzos para vendernos la idea de que hoy en día todo es un camino a la felicidad, y la felicidad para muchos se vuelva la meta más importante a alcanzar en la vida. ¿Será eso posible?

¿Y si la idea de felicidad, gracias al esfuerzo publicitario, es traducida en comprar, comprar y seguir comprando? ¿Si a través de tanto anuncio, influencia externa y falta de tiempo nos desesperamos por sentirnos felices ya?

Imaginemos lo terrible que sería una sociedad donde la gente busque consumir más de lo que necesita todo el tiempo, durante toda su vida. ¿Qué ocurriría con los recursos y los desperdicios?, ¿estarían saturados? ¿Cómo se sentiría la gente que forma parte de esta realidad siempre teniendo que consumir más y más para hallarle un significado a su vida, para creer que pertenece a un grupo, sentirse aceptada. Gente que por dentro se siente vacía y no sabe lo que ocurre, o porque, influenciada por el medio, simplemente necesita seguir consumiendo y encuentra como escape estimulantes como el azúcar y las drogas? Imagínate lo que sería de esa sociedad, que de pronto empiece a enfermar, a mostrar síntomas desmesurados de estrés, y las familias comiencen a desintegrarse. ¿Cuál crees que sería el final de ese escenario y el efecto que tendría esa sociedad enferma en el futuro de sus próximas generaciones? ¿Acaso no es lo que ya está pasando?

La idea contemporánea de tener que salir a buscar la felicidad deja de lado al ser humano. ¿Qué ocurre entonces con las demás emociones, con la facultad de experimentar la extensa gama de sentimientos y reacciones que nacen de sentir tristeza, miedo, fastidio, cólera, etcétera?

De pronto la radio, la televisión, el internet, los espectaculares de la calle me dicen que podemos obtener felicidad y bienestar simplemente destapando un refresco azucarado, comprando un vehículo nuevo, llevando a la familia de compras, vistiendo la nueva temporada de diferentes marcas, usando tarjetas de crédito o consumiendo cierta pastillita mágica, por citar algunos ejemplos.

Para los de mi generación, la publicidad prometía éxito; la publicidad actual promueve mucho la felicidad. "Lograr la felicidad a través de…" Seguiremos recibiendo estos anuncios con mayor frecuencia, y con tanta repetición, muchos de ellos ya están registrados en nuestro subconsciente, ya fueron adheridos a nuestro sistema de pensamiento, de tal modo que empiezan a formar parte de nuestras costumbres y nuestros rituales. De alguna manera se apoderan de nuestro lenguaje y nuestro pensamiento, se convierten en un código normal entre nuestras amistades y llegan a gobernar nuestras elecciones.

Siempre me inclinaré a promover la felicidad como emoción frente a lo contrario, porque el hecho no es lo que me dicen, sino cómo, cuándo, por qué, y la frecuencia con la que me lo dicen. El error no es que me la vendan, lo grave es que me endilguen la idea de que para encontrarla debo salir a buscarla.

No me cansaré de afirmar que nos hemos convertido en una sociedad programada para salir y buscar, cuando en su lugar deberíamos enfocarnos en el esfuerzo por cultivar.

> Qué tal si en vez jugar todo el tiempo a ser exploradores, nos dedicásemos un poco más a ser cultivadores.

La cosecha es el resultado de un arduo proceso de trabajo, que es precedido por un todavía más arduo proceso de siembra y cosecha. En la actualidad, encuentro que cada vez menos personas quieren o pueden darse a la práctica de ser cultivadores. Y es curioso porque ahora supuestamente deberíamos gozar de más tiempo para nosotros, porque ya no tenemos que salir a cazar nuestros alimentos, ya no tenemos que pararnos bajo un árbol frondoso o encontrar una cueva para protegernos de la lluvia o de los depredadores.

Gracias a la evolución de la raza humana, hemos logrado superar muchos retos, y uno de ellos es cubrir nuestras necesidades básicas como sociedad.

Por no saber cultivar, la sensación de satisfacción que produce cada logro se vuelve más insignificante y pierde valor; perdemos consciencia, producimos menos endorfinas, entonces nos volcamos a buscar fuera lo que olvidamos cultivar dentro.

Déjame preguntarte: ¿cuándo fue la última vez que sonreíste porque la mañana te deslumbró? ¿Cuándo te sentiste agradecido por el simple hecho de despertar, de tener salud o porque los miembros de tu familia regresaron a casa en una pieza?

Como amante de la historia, encuentro un ejemplo que ilustra el punto que estoy tratando explicar. Me imagino que conoces, has leído o escuchado de Mahatma Gandhi, el caudillo del nuevo pensamiento que con la paz rescató a su pueblo del Imperio británico, el más poderoso de su época. Gandhi se dio cuenta de que para alcanzar la libertad debía transformarse en un cultivador y regresar a sus raíces. Se dedicó a vivir en congruencia y a enseñar con el ejemplo, a encontrar dentro de sí mismo el camino a la felicidad. ¿Fue difícil para él llegar a esta conclusión? Sin duda alguna.

Para mí, Gandhi es la metáfora perfecta de lo que necesitamos hacer como seres humanos. A pesar de que gozó de una educación moderna y de una escuela de pensamiento que aprendió en Londres, la realidad, los golpes y la vida lo hicieron entender que si deseaba liberar a su gente del yugo extranjero, no le quedaba mayor alternativa que borrar el disco duro y reprogramar el chip. Me imagino lo complicado que le resultó encontrar el camino y comprender que la tarea no era seguir buscando, sino redescubrirse y volverse cultivador.

EXPLORADOR   CULTIVADOR

De acuerdo a la teoría llamada *Impact Bias*, estudiada por el profesor y psicólogo de la Universidad de Harvard, Dan Gilbert, existe la tendencia de las personas a sobreestimar la duración o la intensidad de los futuros estados emocionales; nos demuestra cómo la gente piensa que sería más feliz al tener más opciones de elección frente a una cosa u otra, cuando en realidad muchas veces esas cosas terminan teniendo menor grado de satisfacción y por ende una sensación de felicidad inferior que aquellas en las que su marco de opciones es limitado o reducido. Es decir, la gente que cuenta con más alternativas no necesariamente es más feliz que la gente que tiene menos opciones. Según Gilbert, el ser humano —que es un animal que se adapta, un animal de costumbres— es capaz de desarrollar y adaptarse a ser feliz con lo que tiene, si se convence de que eso que tiene es lo único que puede tener o que quiere tener. Al no contemplar más opciones, el enfoque deja de ser continuar explorando para comenzar a cultivar lo que tiene, para que eso que tiene le siga dando frutos.

Un ejemplo de ello es el matrimonio: la gente que se queda en pareja, mientras la relación sea sana, siempre será más feliz que quien continúa buscando. Eso lo constatamos todos los días, especialmente de miércoles a sábado, cuando los divorciados de la era actual —que ahora se les conoce como los *nuevos solteros*— invierten su rol, y de cultivadores salen a buscar *nuevas parejas* para convertirse en exploradores.

La teoría de Gilbert nos dice que, por estadística, la gente puede llegar a ser más feliz con lo que tiene que con lo que desea tener.

La felicidad no se encuentra, se cultiva.

Gilbert también nos presenta su teoría de la *felicidad sintética*, en la cual argumenta que el cerebro tiene este sistema inmunológico-psicológico que nos ayuda a autoengañarnos y hacernos cambiar fácilmente la forma de ver las cosas, con el objetivo de superar las decepciones y seguir adelante. "Al cerebro no le interesa la verdad, sino sobrevivir", sostiene el investigador, lo cual nos permite encontrar la felicidad en condiciones aparentemente adversas. Este sistema nos ayuda a cambiar la perspectiva del mundo para sentirnos mejor en él, y conseguir una felicidad "a la medida"; es decir, una "felicidad sintética". Según dicha teoría, existen dos tipos de felicidad: la *natural,* que es la que experimentamos al obtener lo que queremos, y la *sintética*, la cual "nos fabricamos" al no conseguir lo que queremos y deseamos. De acuerdo con sus estudios, Gilbert concluye que conseguimos la felicidad sintética gracias a procesos psicológicos que nos ayudan a cambiar nuestra visión del mundo para sentirnos mejor.

Aunque podríamos pensar que la felicidad sintética no tiene la misma "calidad" que la felicidad natural, resulta que la primera es tan real y duradera como la segunda, al tiempo que produce los mismos beneficiosos efectos sobre el organismo.

No sé si hayas escuchado a la gente decir: "Soy más feliz al no haber ganado el premio que si lo hubiese ganado", "Estoy mejor sin él/ella, que con él/ella", "Me hicieron un favor al despedirme".

Esta teoría expone la parte de la naturaleza humana de buscar conformarnos con lo que tenemos en vez de volvernos miserables con lo que no logramos alcanzar o mantener. Si sólo fuera como lo resume Gilbert, pienso que naturalmente lograríamos sentirnos más felices, pero las fuerzas de la naturaleza encuentran difícil sostener esa sensación cuando enfrentan influencias externas como la publicidad, que busca convencernos de que sus productos o servicios son la respuesta hacia un futuro mejor. La publicidad provoca que nuestra felicidad sintética o natural se altere; de alguna manera nos mantiene en un círculo vicioso sin saber por qué ahora necesitamos buscar y consumir en vez de cultivar.

Recuerdo cuando mi esposa me regaló mi primera computadora portátil Mac, allá por 2005. Creo que me tomó unos seis meses empezar a usarla porque me resistía a cambiar del sistema Windows al sistema Mac. Hasta el día en que mi computadora antigua se infectó con un virus digital, me vi obligado a echarle ganas a la nueva, porque no me quedó de otra que aprender a usarla. De pronto descubrí una herramienta más amigable y fácil de manejar. A la fecha, después de diez años, la sigo utilizando y funciona a la perfección. No por hacerle publicidad a una marca o a otra, pero en casa cultivé la idea de que si funciona, síguelo usando.

Otro ejemplo personal es el de mi vida de pareja. Llevo veinticuatro años con mi esposa, algo que muchos pueden encontrar como raro y hasta aburrido hoy en día. Pero me he dado cuenta de que soy de las personas que creen en el efecto del *interés compuesto*. Esa acumulación de experiencias y emociones que reinviertes en tu relación o en lo que te propones hacer para que a lo largo del tiempo te rindan intereses multiplicando los beneficios, de modo que los intereses que se obtienen al final de cada ciclo no se retiran, sino que se reinvierten o añaden al capital.

Eso no quiere decir que encuentre principios conflictivos en relación con mi realidad de hombre casado, por el contrario, porque desde donde estoy encuentro que mi punto de partida es saludable. Por ejemplo, cuando pienso en este particular, me gusta hurgar en el trabajo de John Gottman, autor de *Los 7 principios para hacer que un matrimonio funcione*, y uno de los psicólogos y terapeutas de parejas más respetados en Estados Unidos, quien sostiene que para ser feliz las personas necesitan tener una relación íntima de pareja. Asimismo, Gottman nos dice que la intimidad es algo que sólo te da el tiempo.

Pensar en estas ideas refuerza mi postura de hombre casado y me invitan a querer seguir cultivando. Pero ¿qué pasaría si en vez de escuchar a Gottman me inclinara a explorar lo que nos dice el psicólogo Daryl Bem, cuando propone que lo nuevo es más exótico y más erótico, más excitante y fascinante?

¿Qué ocurriría si en un estado reactivo, sin darme cuenta, abro la puerta a esas influencias externas de publicidad y compro esa promesa de un futuro mejor y me dejo llevar por las múltiples opciones que nunca dejarán de existir?

LAS TRAMPAS DE LA FELICIDAD

Cuando estuve en el medio publicitario en Montreal, Canadá, mi equipo y yo sabíamos que para inducir e influenciar al consumidor, era necesario crear ese efecto de deseo a través de mensajes directos o subliminales. La selección de las palabras, las frases, los colores eran considerados meticulosamente. Mientras más grande la cuenta, más materia gris y expertos requeríamos ser. Teníamos que ser capaces de explicar por qué sugeríamos un color en vez de otro, por qué la foto y el fondo, por qué las curvas y las siluetas. Cuál era la promesa hacia un futuro mejor que provocaría el deseo en el consumidor de comprar nuestra marca en vez de la competencia.

En lo personal, soy de los que se inclinan en conocer y cultivar. Especialmente en los últimos años, durante los cuales siento que he madurado mucho este concepto para de verdad entender lo que me da bienestar y me hace sentir feliz.

> Te puedo asegurar que vas a cultivar lo que coseches.

Si nuestra búsqueda de la felicidad es el resultado de un escape, considerando que diariamente recibimos del medio más influencias negativas que positivas, ¿qué sería de nosotros si no tuviésemos los fármacos o un sólido *sistema inmunológico psicológico*? Una de las cosas más increíbles acerca de la mente humana es su capacidad de recuperación.

Bajo una perspectiva realista, la vida puede ser bastante deprimente a veces; sin embargo, la gente llega a identificarse con ella para salir del paso con una sonrisa en el rostro. Pero insisto: cada vez conocemos menos las reglas y el juego lo

92

estamos jugando mal, porque no se trata de salir del paso o de simplemente decir: "Estoy bien"; se trata de utilizar las herramientas que la ciencia nos da para fortificar nuestros sistemas inmunológico, psicológico y físico para que, de forma proactiva, aprendamos a vivir mejor y promovamos el crecimiento desde adentro hacia fuera.

La vida es limitada en todos sus aspectos; es un secreto que comparte con nosotros Gilbert, un secreto que comprueba que la gente que entiende sus límites, puede llegar a ser más feliz que quien no los entiende. Y cuando hablo de límites me refiero a las reglas, y lo escribe uno que se ha dedicado a romperlas. Pero existe un abismo entre romper reglas cuando sabes el juego, y romperlas a lo tonto, sin idea de lo que estás haciendo.

Por eso, cuando nos bombardean con demasiados mensajes y nos quieren hacer creer que vamos a conquistar el mundo, caemos víctimas de la ansiedad, la frustración y la adicción.

En su época, Karl Marx, filósofo e intelectual alemán, autor del libro *El capital,* tuvo una postura similar a la de Gilbert, aunque con otro enfoque. Para él la religión era una herramienta utilizada por las clases dominantes, donde las masas podían aliviar su sufrimiento a través del acto de experimentar emociones religiosas. Cuando en 1844 pronunció su célebre cita: "La religión es el opio del pueblo", estaba convencido de que la felicidad encontrada a través de la complacencia e inducida por la religión no era más que un arma utilizada por el capitalismo para dominar a las masas. Pero esa postura probó ser errónea, ya que el capitalismo promueve el consumo, y el continuo consumo sólo es posible en la medida en que el consumidor sea inducido a seguir consumiendo.

> **El hombre más feliz es aquel que es capaz de ser feliz con lo que tiene.**

Cuando el deseo de escape es provocado por una situación de infelicidad, nos arriesgamos a que la felicidad deseada esté fundamentada en pilares débiles y superficiales, por lo tanto pasajeros. Cuando llegamos al punto de buscar o procurar algo que pensamos nos hará felices porque no nos gusta lo que tenemos, entonces estamos reaccionando en vez de pro accionar.

Ve a la siguiente liga para hacer el ejercicio con Eduardo:
<http://www.lastrampasdelafelicidad.com/ejercicio4>

EJERCICIO

◉ Toma lápiz y papel y responde a las siguientes preguntas:

» ¿Qué es lo que percibes como resultado de la acción que te hace sentir mejor?

» ¿Cuál es tu nueva rutina? ¿Qué es lo que has tenido que dejar de hacer o cambiar para dedicarle tiempo a esta nueva acción?

» ¿Cuánto tiempo llevas realizando esta nueva actividad que te mantiene en el estado *feliz*?

» ¿Qué beneficios estás recibiendo o notas desde que iniciaste?

» ¿Qué has tenido que cambiar con esta nueva actividad?

» ¿Qué beneficio observas para ti a mediano y largo plazos al mantener esta actividad como parte de tu nueva rutina?

Egoísta

Ésta es la fase que le sigue a la etapa llamada *felicidad*. La palabra o término *egoísta* es de origen latino; viene de *ego*, que se refiere al *yo*, y de *ismo*, a la *práctica de*. Es un vocablo que cuando se usa para referirse a otras personas posee una connotación negativa en nuestra sociedad. En el caso de esta fase, es la sensación o emoción que ocurre como consecuencia de cuestionarnos: ¿cómo es posible que me esté preocupando por mí?

Recuerdo cuando bromeaba con mis compañeros de la escuela en Lima sobre el "argentino que todos llevamos dentro", pero más allá de ser una broma, y de hacer referencia de mis hermanos de Argentina, a los cuales quiero y respeto, el egoísmo siempre ha sido una arma de doble filo, una herramienta inconsciente o consciente de manipulación social y personal. Como lo vimos en el caso de Lorena y su *mamma*.

Para la madre de Lorena, lo que su hija hacía al entregarse a la disciplina del entrenamiento y cuidar la dieta, al salir más temprano o regresar más tarde a casa por pasar antes o después de la universidad al gimnasio, era una acción egoísta, y la *mamma* no había criado una hija así. Ella reprochaba que Lorena, por hacer esas cosas "banales y sin importancia", le quitara tiempo a la familia y rechazara las ricas pastas y deliciosos postres que la *nonna* preparaba con tanto amor y cariño. Después de todo era lo correcto, esperar que si la *mamma* cocinaba para los demás, porque los quería y se preocupaba por su familia, todos comieran lo que ponía en la mesa.

La actitud de Lorena era una muestra ególatra ante los ojos de su madre. Y ella no toleraría eso de ninguna manera. Por el contrario, se aseguraría de que su hija supiera de su sufrimiento, por el cual la pobre estaba pasando. Todos los hermanos fueron reclutados, y la mesa y el convivio diario en la casa se tornaron un torbellino de ataques, indirectas y sarcasmos para indicar a la egoísta de Lorena que estaba en el camino equivocado.

Por otro lado, sus amigas universitarias también aportaron a esa circunstancia. Comenzaron a reclamarle que ya no tuviese tiempo para ellas, pues llevaba varias semanas evadiendo el café y los chismes del día, luego de terminadas las clases.

"¿Pero qué se ha creído ésta?", se preguntaban.

Su pretendiente también se mostraba extrañado porque Lorena no le prestaba la atención de antes; por inseguridad pensó que ya no estaba interesada en él, y eso hacía que la rechazara, incluso con rudeza.

Lorena no entendía; estaba escapando de su realidad anterior. Llegó a un punto donde en automático sólo respondió al mensaje que una y otra vez aparecía frente a sus ojos camino a la universidad: "Si tú eres el producto, ¿cuál es tu precio?"

El *gancho* había dado resultado, y en un afán por salir de ese estado de infelicidad, Lorena simplemente cayó en el círculo vicioso. Era sólo cuestión de tiempo, no tenía posibilidad de evitar caer en la trampa de la felicidad, pues la pobre reaccionaba a su medio sin nadie que la aconsejara más que el sacerdote de la iglesia, el carismático padre Bosco.

—Padrecito, no entiendo qué pasa. Me siento bien, me veo mejor, para mí es como el escape de todos los días, y en lugar de apoyarme, todos me ven y tratan como si fuese un monstruo. La *mamma* sufre muchísimo porque ya no como sus pastas y sus pasteles; mis hermanos no se cansan de señalarme lo mala que soy y cómo la hago sufrir; mis amigas de la universidad me critican porque no me quedo a chismear con ellas después de clases, y el idiota de mi casi novio me está hablando muy feo —confesaba al sacerdote con lágrimas en los ojos.

—Hija mía, lo sé; tu madre me contó todo. ¿Qué te está pasando? ¿Te das cuenta del sufrimiento que le estás causando al ser que te dio la vida? ¿Tú crees que valga la pena traer tanto caos a tu casa por una simple vanidad? —fueron las palabras que remataron finalmente a la pobre de Lorena, que terminó por recaer en ese abismo negro llamado *culpa*.

Qué pecado pensar en uno mismo y ser egoísta, ¿verdad?

Es como la fábula del oso joven y bien intencionado que caminando por el bosque de pronto se cruza con una charca de agua y nota un pez adentro. Se asusta y piensa que el pobre animalito se está ahogando. Con su buen corazón decide rescatarlo y lo saca del agua. Una vez hecho eso, el osezno se siente bien por la buena acción del día, y feliz y contento continúa su camino.

¿Cuántas veces, cuando buscamos el bien de otros, verdaderamente nos ponemos a pensar en ellos? No en lo que es nuestra interpretación de ese bien, sino en lo que de verdad otros necesitan.

¿Cuántas veces jugamos a ser Dios, y en ese afán por ayudar o responder al estrés de enfrentar una actitud nueva o diferente reaccionamos en contra de lo mejor para esa persona?

Pensemos por un momento cuando —como el joven oso— sacamos al pez de su hábitat para que no se ahogue, sin saber que ese hábitat lo mantiene vivo. La ignorancia del juego y sus reglas a través de la historia han sido la justificación para cometer tantos errores. Cuando desconoces cómo funcionas y por ende qué es lo mejor para ti, es muy difícil que puedas defender lo que te hace feliz, en especial si el punto de partida es equivocado. Entonces empiezas a ceder y poco a poco, aunque no quieras, encuentras que el egoísmo que practicas está errado porque empezarás a dañar a otros.

Ahora imagina que eres ambos, oso y pez. ¿Qué ocurre cuando te sacan del agua pensando que es lo mejor para ti, sencillamente porque no entiendes qué es lo que de verdad es lo mejor para ti? ¿Eres acaso de las personas que empezaron a sentir el cambio positivo en su vida, pero eventualmente cedieron a la idea negativa de autojuzgarse y condenarse por ser egoístas?

Esta conexión de estancamiento es crucial cuando analizamos el círculo vicioso y la trampa de la felicidad. Es natural en el ser humano considerar y reconsiderar nuestras opciones cuando emprendemos una acción nueva que nos implique tiempo para nosotros mismos que nos lleve a invertir en nuestro crecimiento personal, que nos ayude a ser mejores personas y nos mantenga en un estado de bienestar. Pero si la única manera de ser mejores y estar mejor es invertir en nuestra propia persona, ¿por qué entonces ser egoísta es algo malo?

—No te pongas un abrigo para que tu vecino sienta frío —me decía sabiamente mi padre—. Si te lo vas a poner, es para que te sientas bien y con la protección que obtengas encuentres más energía para ayudar a otros.

Esta frase marcó toda la diferencia para mí, cuando entendí que necesitaba ser y estar mejor, para poder ser mejor para otros, y que la única manera de lograrlo era a través de invertir en mi persona, mente y espíritu de forma proactiva. Es aquí donde radica la diferencia entre quedarse estancado y salir del círculo vicioso; recaer en la trampa de la felicidad y tener la claridad de entender que quizá necesito ser un tanto egoísta para ponerme el abrigo y ayudar a otros, empezando por mí mismo.

Algo que también marcó mi vida y me ayudó a cambiar fue descubrir el concepto del egoísmo altruista, del que te hablé en mi capítulo anterior.

Es pensar mejorar uno mismo primero (egoísta), para poder hacer bien a los demás (altruista).

Tenemos una combinación explosiva de lo que sería una persona con una gran cantidad de energía para superarse. Cuando una persona egoísta-altruista quiera que sus allegados salgan adelante pensará: "Para que mi familia tenga éxito primero debo progresar yo; debo ser el medio que los conduzca a la meta".

Por otro lado, el que piensa todo el tiempo en los demás y no se cuida a sí mismo, será una persona que se deje manipular con facilidad. Los demás querrán usarla para que les haga el trabajo fácil. La publicidad hará con esa persona lo que le plazca y se encontrará una y otra vez repitiendo el círculo vicioso.

En todos lados el egoísmo es mal visto. Muchísimos libros han filosofado sobre este asunto, maldiciéndolo de muchas maneras. El *Diccionario de la Real Academia Española* lo define como "inmoderado y excesivo amor a sí mismo, que hace atender desmedidamente al propio interés, sin cuidarse del de los demás". Esto es muy cuestionable.

Siempre que quieras mejorar, debes pensar en ti mismo; aprender a amarte mucho a ti mismo. Claro que dicho egoísmo bueno tienes que acompañarlo de una fuerte dosis de autoestima, alta y positiva, ya que si piensas demasiado en ti mismo, irás mal encaminado.

EJERCICIO

◉ Toma lápiz y papel y responde las siguientes preguntas:

» ¿Cuánto tiempo inviertes en la nueva acción que te genera sentirte *feliz*?

» ¿Te sientes egoísta por dedicarte tiempo para ser y estar mejor?

» ¿Te estás poniendo el abrigo para ayudar o para que tu vecino tenga frío?

» ¿Qué sientes que estás perdiendo al realizar esta nueva rutina?

» ¿Quién te reclama por esta nueva rutina o actividad?

» ¿Qué es lo que te reclaman?

» ¿Cómo te lo reclaman?

» ¿Cuál es tu costo de oportunidad por realizar esta nueva rutina o actividad?

Culpa

La última, y quizá la más recurrente y peligrosa de las fases del círculo vicioso, es *la culpa*, la cual propicia que regreses a la etapa *infeliz*.

Curiosamente, de acuerdo con lo que sostiene la psicología positiva en palabras de Tal Ben-Shahar, la culpa es la primera causa de la infelicidad.

Cuando nos ubicamos en el *punto de partida* correcto a veces es necesario ignorar el reclamo de otros hasta que entiendan que lo que hacemos nos beneficiará.

En lo personal fue muy difícil romper ese círculo vicioso, porque conforme buscaba adoptar cambios en mi vida de inmediato surgían muchas dudas en mi mente. Si busco bienestar integral, y me enfoco primero en mí con el afán de estar mejor, al sentirme más feliz experimento culpa por los demás.

Un estudio de las universidades de Harvard y Texas, realizado en ciento diecisiete personas, demuestra que existe gente que se hace adicta a las hormonas que el sentimiento de culpa desencadena (la testosterona, hormona de la sexualidad, y el cortisol, que es producido por el estrés).

La culpa es atribuida a una de las causas que mantiene a las personas atrapadas en la adicción. Nos lleva a ceder, a esconder, a aceptar en silencio la derrota. Según David Eaglemam, neurocientífico y autor del libro *El cerebro*, publicado en 2015, la culpa no funciona por igual en todos, aunque en general tendemos a asumir que así debería ser y creer que una misma solución aplica para todos por igual, y eso no es así.

Conforme vamos creciendo y dependiendo del medio que nos rodea, las conexiones neurológicas hacia la culpa surgen en nuestro cerebro subconsciente. En la siguiente figura podemos observar cómo el cerebro, con la edad, va desarrollando conexiones neuronales cada vez más complejas que nos comprueban cómo la posibilidad de romper ese círculo vicioso es cada vez más difícil y optamos por justificar en vez de rectificar.

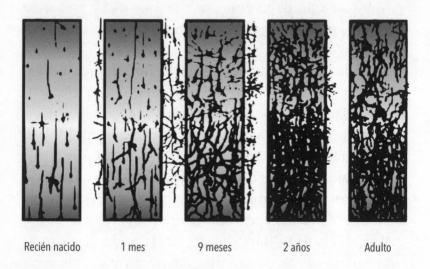

Recién nacido   1 mes   9 meses   2 años   Adulto

La falta de conocimiento y la negativa a aceptar que no somos capaces de contrarrestar ciertas circunstancias son algunas de las razones por las cuales la gente simplemente no cambia.

Al utilizar la culpa para manipular o influenciar a alguien, la mayoría de nosotros no considera el efecto que tendrá en el nivel de autoestima de la persona. Pero mientras continuemos rodeados de gente que sólo tiene una connotación negativa del egoísmo, y sigamos incluidos en ese grupo, permaneceremos estancados cayendo una y otra vez en la trampa de la felicidad y su círculo vicioso.

Conocer, explorar y practicar el egoísmo altruista, además de simplificar el proceso, nos brinda la capacidad de discernir entre lo que estamos haciendo o pensando *versus* lo que deberíamos hacer o pensar. Uno de los momentos claves y de quiebre en los que hago hincapié en mis programas es precisamente éste. Cuando las personas no sólo conocen, sino mejor aún, llegan a trabajar en su círculo vicioso, la transformación comienza a ocurrir. Esta herramienta nos permite dar los pasos —con la conciencia por delante— que nuestro deseo por cambiar requiere para no transformarse en un escape. Es decir, para que esa acción o decisión sea reforzada por la emoción de felicidad y que la abundancia de dopamina se convierta en un gozo, en vez de un látigo moral que nos castigue una y otra vez por recibir el rechazo de los demás, por la incertidumbre que les generamos al tener un cambio de actitud o de disciplina.

Ve a la siguiente liga para hacer el ejercicio con Eduardo:
<http://www.lastrampasdelafelicidad.com/ejercicio5>

EJERCICIO

◉ Toma lápiz y papel y responde las siguientes preguntas:

» ¿Qué te hace sentir culpable de tu acción egoísta al dedicarte tiempo para ti?

» ¿Quién te hace sentir así, directa o indirectamente?

» ¿Sientes que estás afectando a alguien con tu nueva rutina o actividad?

» ¿Sientes algún tipo de culpabilidad por comprometerte con esta rutina o actividad?

» ¿Desearías compensar de alguna manera a las personas que te reclaman o que sientes que se afectaron con tu nueva rutina o actividad?

» De 1 a 10, ¿cómo calificas tu sentimiento de culpa?

» ¿Has sentido en ocasiones ganas de abandonar tu nueva rutina o actividad por no causar más molestias a las personas que te reclaman?

Realiza el siguiente ejercicio para poder recordar mejor las fases de la trampa de la felicidad y el círculo vicioso, y ayuda a nuestro amigo Waldo a identificar cada una escribiendo el nombre debajo de las caras que vemos a continuación.

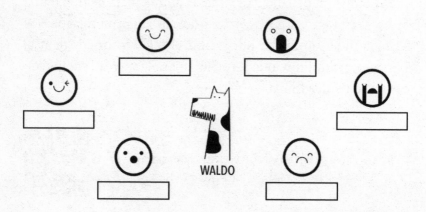

Recuerda que es importantísimo, para alcanzar el bienestar integral, que conozcamos de dónde parten tus deseos, qué es lo que te provoca la sensación de infelicidad y la culpa para que empieces a tomar conciencia de dónde partes, que no sea tu entorno, que no sea el mercado, que no sea el sistema quien te está impulsando a tomar acciones que te mantienen atrapado; sino que seas tú mismo quien, desde todos los aspectos de tu vida, decide que donde te encuentras ya no es el lugar correcto para ti.

⊙ TERCERA
PARTE

Cuando me despedí de Stuart aquella mañana, me quedé pensando en todo lo que habíamos platicado. La partida de Lorena, los viejos tiempos, la familia, las reglas del juego y nuestras teorías sobre cómo y por qué pasan las cosas. La oportunidad de compartir con un viejo y querido amigo es siempre muy especial. Es probable que las circunstancias no hayan sido las mejores, porque personalmente prefiero reunirme para celebrar y reír.

Stuart y yo habíamos logrado notables resultados ayudando a la gente a transformar sus vidas. Contábamos con un equipo de expertos en varias partes del mundo que poco a poco se habían sumado a nuestra investigación, aportando sus conocimientos en medicina, neurología, psicología, sociología, antropología, mercadología e historia.

Mientras me subía al coche, pensaba en el proceso de manipulación que se produce en cada campaña publicitaria. Encontramos cosas que no tienen sentido, y que si intentáramos trasladarlas de un ámbito a otro serían simplemente inaceptables, pero que se manifiestan todos los días frente a nuestros ojos. Un ejemplo que me gusta mucho citar es el del café. Tratar de entender cómo en la década de los años sesenta una taza de café costaba cincuenta centavos de dólar y hoy en día, cinco dólares.

Recuerdo que en la escuela primaria, a mi profesor de matemáticas, además de la materia, le apasionaba platicar sobre el aterrizaje lunar que ocurrió en 1969. Citaba con lujo de detalles la charla entre el presidente Richard Nixon y el astronauta Neil Armstrong:

Hola, Neil, les estoy hablando por teléfono desde el despacho oval de la Casa Blanca y seguramente ésta será la llamada telefónica más importante jamás hecha, porque gracias a lo que han conseguido, desde ahora el cielo forma parte del mundo de los hombres, y como nos hablan desde el Mar de la Tranquilidad, ello nos recuerda que tenemos que duplicar los esfuerzos para traer la paz y la tranquilidad a la Tierra. En este momento único en la historia del mundo, todos los pueblos de la Tierra forman uno solo. Lo que han hecho nos enorgullece y rezamos para que vuelvan sanos y salvos a la Tierra.

Armstrong contestó al presidente:

Gracias, señor presidente; para nosotros es un honor y un privilegio estar aquí. Representamos no sólo a los Estados Unidos, sino también a los hombres de paz de todos los países. Es una visión de futuro. Es un honor para nosotros participar en esta misión hoy.

Esa misión de futuro que tuvo lugar hace más de medio siglo, hoy está orientada a otro tipo de exploraciones, a otro tipo de competencia: la carrera por el descubrimiento del cerebro.

En 2015, el gobierno de Estados Unidos asignó un adelanto de cien millones de dólares a la iniciativa llamada BRAIN, que es un proyecto de investigación del cerebro a través de la neurotecnología, la cual es parte de un nuevo enfoque destinado a revolucionar la comprensión del cerebro humano, y está bajo la dirección de Rafael Yuste, de origen español, y uno de los neurólogos y científicos más influyentes del mundo en la actualidad. Sus ideas sedujeron a la administración del presidente Barack Obama, que tiene previsto invertir un total de dos mil millones de dólares en dicha iniciativa. El objetivo es investigar, descubrir y documentar todos los secretos del cerebro. Imagina lo que sería para la ciencia develar por completo el funcionamiento del órgano más poderoso del cuerpo humano. Pensaba en todo esto mientras conducía, y pensaba en cómo Lorena, en cierto sentido, había caído en la trampa de la publicidad. El cerebro todavía no está descubierto del todo, pero sí la mercadotecnia ya sabe ejercer un poder en nuestras decisiones y deseos.

Al llegar a casa, una pila de expedientes me esperaba para revisarlos; eran del grupo que se graduaba de la certificación Las 9 Transformaciones ELITE® el sábado próximo. Me dirigí a la sala, donde prefiero leer cuando hay luz de día. Los dejé sobre la mesa, y me prepararé un energético jugo de apio con jengibre, que me ayudaría a refrescar las ideas.

Acostumbro revisar las historias de quienes forman parte de mis certificaciones y programas, antes de iniciarlos. Ésa es una de las mayores recompensas de este oficio que elegí. Me siento privilegiado cada vez que —una vez iniciado un programa— observo el proceso en los participantes y la alegría en el rostro de sus familiares, amigos y colegas. No dejan de sorprenderme los efectos que la ciencia aplicada del bienestar integral produce en las personas que la adoptan, así como el impacto de mediano y largo plazos en sus vidas.

Ya en el sofá, tomé el primer expediente de doce:

OSCAR

Oscar era un conocido que con el tiempo se convirtió en amigo. Habíamos trabajado en varias ocasiones a lo largo de los años. Yo lo acompañé durante su divorcio y él me prestó su sofá las únicas dos veces que me fui de casa, una noche por vez, cuando la discusión con mi esposa se tornó insoportable. Eso, créanlo o no, es muy saludable en las relaciones. Es normal según el terapeuta de parejas más respetado de Estados Unidos, el célebre John Gottman, que apoya que las parejas tengan diferencias, especialmente en mi caso, donde mi esposa y yo tenemos el carácter fuerte y la lengua ávida cuando de defender nuestros puntos de vista se trata.

Oscar, primero en la lista, nunca tuvo hijos en su primer matrimonio, y había disfrutado su nueva soltería por los últimos ocho años de su vida. A sus cuarenta y dos años, finalmente llegó a la conclusión de que era tiempo de volver a sentar cabeza. Su vida se había caracterizado por metódica y rutinaria. Él se definía como un hombre de mundo corporativo; disciplinado y comprometido. Era de los que llevan la camiseta de la empresa tatuada en el pecho. Durante sus dieciséis años de carrera había servido a cuatro amos, promedio que en tiempos actuales se ha tornado estándar de acuerdo con la estadística moderna referente a cambios de empleo.

Cuando se unió al programa, se quejaba de los continuos viajes laborales que no le dejaban mucho tiempo para mantener una dieta saludable o una rutina de ejercicios, sin contar que sus relaciones amorosas, incluyendo su primer matrimonio, habían sufrido siempre el impacto de sus actividades profesionales. Dos veces, posteriores al divorcio, estuvo cerca del altar, pero la distancia y la carrera propiciaron que la primera candidata se aburriese de esperar, y la segunda lo dejara por su colega de oficina, motivo que lo condujo a renunciar a su último empleo, luego de dejarle a su rival unos buenos moretones.

Ese incidente lo orilló a tomar la decisión definitiva de descubrir el bienestar integral con mi programa. Cuando Oscar llegó conmigo presentaba depresión mayor[1] y estaba al borde de una *depresión estacional*,[2] producto de la Navidad y el fin de año.

Al igual que a Garrik, el personaje del poema de Juan de Dios Peza que les compartí anteriormente, desde afuera sus allegados, colegas y amigos lo veían con envidia porque aparentemente Oscar tenía todo: juventud, carrera, dinero, y ahora libertad.

Cuando lo conocí por primera vez, como consultor de su empresa, él se proyectaba como el ejecutivo de éxito, joven y ambicioso. Estaba casado con una afamada actriz de telenovelas con quien parecía formar la pareja perfecta. Cuando ocurrió su divorcio, porque sencillamente ella no lo soportó más,

---

1. La depresión mayor es el tipo de depresión más grave. Se caracteriza por la aparición de uno o varios episodios depresivos de mínimo dos semanas de duración.

2. La depresión estacional o trastorno depresivo estacional (SAD) se caracteriza por ocurrir durante cierta época del año, generalmente durante el invierno.

él se preocupó por esconder emociones y proyectar fortaleza, tapando la verdad.

—Estaba muy aburrido, ya me tenía hasta la madre —decía con ironía, con la intención de provocar envidia y despistar a quienes le preguntaban cómo se sentía con la separación.

—Tú puedes hacer lo que quieras —solían decirle sus colegas. Pero Oscar en lo profundo no se sentía así.

Como muchos ejecutivos de "éxito" y nuevo soltero, en el momento en que su divorcio se hizo de conocimiento público, las ofertas de nuevas potenciales candidatas no se hicieron esperar, y tampoco es que él se tomara un tiempo para procesar lo que había ocurrido. Prácticamente no le interesó saber por qué su examada esposa le pidió el divorcio. No había tiempo para pensar y aprender, no podía ser débil.

—Eso es para pendejos —decía—. Después de todo, las nalguitas están ahí esperando.

Y en este afán, sin tiempo de por medio, y por evitar seguir buscando, nuestro amigo se la pasó como Tarzán: de una liana en otra, mes tras mes, año tras año.

Cuando llegó a mi programa, su vida había dejado de ser apasionante, su trabajo se transformó en su refugio, y su rutina, en un extinguidor de lo que él llamaba "la pasión y el sentido de vida".

—Dejé de creer en las relaciones serias —me decía.

Desde su divorcio, las relaciones que sostuvo no eran más que pequeños parches para un hoyo que no terminaba de tapar. Le resultaba complicado entender la complejidad de las relaciones de pareja, y esta última decepción lo alejó más de aspirar a recrear la idea de familia que vivió en casa de sus padres mientras crecía. Por fin, después de ocho años de nuevo soltero, y luego de su segundo intento fallido por casarse, Oscar se unió al programa de las 9 Transformaciones.

Él era un caso muy común entre los ejecutivos actuales. Sin distinguir industria, el castigo y la presión sobre la vida en pareja cada vez es más fuerte. Las demandas de un mercado cada vez más exigente y competitivo provocan que la gente ponga en segundo plano su bienestar integral y su calidad de vida. Un efecto secundario de esa presión es precisamente la ruptura que vemos a nuestro alrededor. El impacto que está teniendo sobre las familias y la salud tanto física como mental.

El siguiente expediente resultó muy interesante: una joven con una historia similar y distinta a la vez.

SUSANA

Susana es una joven ejecutiva de treinta y cinco años de edad, divorciada, con dos hijos y muchos temas personales. Estaba atravesando un momento difícil en su vida, porque una infidelidad dio fin a sus cinco años de matrimonio. Enfrentaba el dilema de con quién compartir su limitado tiempo libre: con sus hijos o con Antonio.

Susana conoció a Antonio en el supermercado, compitiendo por el último frasco de Nutella que se encontraba sobre el mostrador. Antonio terminó ganando y eso lo atrajo a él: el hecho de que no fuera el típico galán, y que por ser mujer simplemente le cediera el delicioso envase de crema de chocolate, leche y avellanas. Por el contrario, no sólo se llevó su número de celular, sino que también le ganó la comanda.

—Sólo dejé que se llevara el frasco porque aseguró que sus crepas eran las mejores de la ciudad —compartió Susana como parte de su testimonio, durante unas de las sesiones del programa.

Para ella, encontrar ese balance entre sus hijos, su trabajo y su vida personal se había vuelto la misión de su vida, pero sin darse cuenta, cayó en un círculo vicioso y su enfoque ya no estaba en crecer con lo que tenía, sino en buscar un escape que la alivianara de tanta presión y falta de tiempo. Le martirizaba la idea de no soportar a sus hijos y que éstos a veces, en lugar de una bendición de la vida, representaran un castigo que estaba pagando por su inexperiencia y calentura.

Cuando llegó al programa, visualizaba a Antonio como una salida, un escape a su situación. Su enfoque, en vez de estar en la rama completa, sólo permanecía en un extremo. Empezó por separar a sus hijos de Antonio, quien había manifestado que los encontraba un tanto insoportables. La verdad es que con todo el tiempo que pasaban solos frente a la televisión y los videojuegos, eran bastante mal portados. Pero él era tan galán, tan perfecto, que Susana asumió que esa molestia eventualmente desaparecería. "Es que yo sé que estamos hechos el uno para el otro." Y por si las dudas, Susana se ocupó de evitar que Antonio tuviera que lidiar con ellos.

Ella provenía de un hogar de padres divorciados y ciertamente deseaba que el suyo fuera "perfecto". Su castigo era precisamente que no había sido capaz de mantener un hogar para sus dos hijos. Con frecuencia se martirizaba con el reproche al malnacido de su ex, por lo que hizo.

Los últimos seis meses resultaron muy difíciles; fueron semanas de depresión, donde el chocolate, el vino y las frituras vinieron al rescate. Antes de conocer a Antonio, su actividad favorita al llegar a casa consistía en seguir la trama de *El señor de los cielos*, y ver cómo, capítulo a capítulo, el guapo de Rafael Amaya hacía de las suyas interpretando al narco Aurelio Casillas. "¡Arre!" exclamaba Susana cada vez que iniciaba un episodio de la exitosa serie de televisión.

Sus hijos estaban con ella una semana sí y una semana no, lo cual le permitía programar sus extensas jornadas laborales como analista financiera en una casa de bolsa mexicana. Manejaba cuentas importantes y el trabajo le exigía ser profesional y mostrar buena cara. La verdad es que estaba harta de su rutina laboral, ya no le reportaba mayores satisfacciones, en especial después de la contratación de un nuevo director de piso que venía dispuesto a flagelar los resultados de su equipo, con tal de llegar a los resultados a fin de cada trimestre. El bono era muy prometedor si el equipo alcanzaba la meta.

Le tomaba casi una hora llegar al trabajo, el tráfico, trampa de todos los días, la obligaba a salir de su apartamento antes de las seis de la mañana para ahorrarse el estancamiento que se formaba a partir de las seis y media. Las próximas diez horas de su día, en promedio, las destinaba a la oficina. Lo peor de todo para ella, era que su jefe les exigía dejar los problemas de la casa en la casa, y tenían prohibido traerlos a la empresa.

La semana que tenía libre, Susana procuraba quedarse más tarde y sacar la mayor cantidad de trabajo posible, aunque nunca resultaba suficiente. Estaba inscrita en clases de yoga a las cuales se esforzaba por asistir mínimo dos veces por semana, le tocaba atender temas de los chicos, reunirse con algunas mamás de la escuela y ver asuntos personales como dedicarle tiempo a su relación con Antonio.

Ella era de las que poco hablaban de sus problemas personales. Era una mujer muy privada y se guardaba todo adentro. Su vida había caído en una monotonía que la estaba enfermando. Empezó a autorrecetarse antidepresivos, que no identificaba como tales. Los ordenó en línea luego de ver un comercial en televisión que anunciaba la pastillita de la felicidad. "Comienza tu día con una sonrisa", decía el comercial. El último mes, antes de llegar al programa, Susana se encontró llorando todas las noches después de apagar la televisión que estaba en su cuarto frente a su cama. ¿Por qué la vida es tan injusta? ¿Por qué la vida es tan dura?

Se hallaba en un círculo vicioso, mostrando claras evidencias de lo que identificamos en el programa como *conexiones de estancamiento*.

Otro caso, muy especial para mí, fue el de Patricia. Un regalo que la vida me dio, porque ella descubrió una segunda oportunidad y se dio el permiso de seguir adelante con su vida.

PATRICIA

Recuerdo que hace unos meses recibí un mensaje en Facebook. Éste cuestionaba seriamente el significado de la vida, y la razón de vivirla. Encontré el corto mensaje tan extremo que resolví contestarlo de inmediato. De mi parte estaba dispuesto a hacer lo que me tocara con tal de evitar que se repitiera mi experiencia con Jana. Cuando logramos platicar por primera vez por celular, Patricia estaba desesperada buscando ayuda, se sentía sola, injustamente castigada por el marido y los hijos.

El esposo la engañaba con la abogada de la empresa y le había comprado un coche a cada hijo para ganarse su voluntad. Le contrató una empleada doméstica, que según Patricia, tenía la misión de hacerle la vida imposible. Ella nunca trabajó, su labor era ser ama de casa, y aunque nunca le faltó nada, ella solo recibía trescientos pesos mensuales que el marido le daba para sus gastos.

Hablamos un par de veces hasta que se animó a unirse a un grupo del programa que estaba a menos de una semana de iniciar. Finalmente, después de un par de días, la conocí. Recuerdo cuando entró en mi oficina por primera vez. Tenía el cabello canoso, la cara demacrada, se notaba mucha ansiedad en sus palabras, le temblaban las manos que reflejaban desesperación.

Una característica del programa es que una vez que aceptamos nuestra realidad, sea lo cruda y dura que sea, el resto del trabajo reside en enfocarnos en lo que sí funciona, en el potencial de crear cosas nuevas, en el beneficio de desarrollar hábitos positivos y creencias constructivas que mejoren nuestra salud, renueven nuestras creencias e incrementen nuestra autoestima. En otras palabras, se trata de aprender a elevar la línea de bienestar integral en todos los sentidos.

A la tercera semana que volvió a entrar en mi oficina, mostraba otro semblante, se veía notablemente mejor, pero al hablar le comenzó a temblar la voz.

—No me digas nada —me pidió—, sólo escucha lo que te vengo a contar. Cuando inicié el programa, estaba desesperada y con pocas ganas de seguir viviendo, pero algo pasó desde que empecé con ustedes. He venido a darte las gracias y a entregarte algo —no entendí de qué se trataba, pero guardé silencio y continué escuchando—. Este boleto lo había comprado con mis ahorros para emprender un viaje sin retorno. Mi plan era volar a Barcelona, acercarme a un río y ahogarme en él para que nadie nunca más supiera de mí.

Al escuchar eso, la piel se me puso de gallina, y me quedé sin palabras, agradeciéndole a la vida por haberme dado la oportunidad de ayudar a esta maravillosa mujer que tuvo el valor de pedir y buscar apoyo.

Nos equivocamos con tanta frecuencia al pensar que lo que nos pasa a nosotros no le pasa al resto. He sido tan criticado en el pasado por ventilar mis temas, y aconsejar que los demás hagan lo propio. Pero si empezáramos a darnos el derecho de volver a ser humanos, entenderíamos que no estamos solos. La idea no es fomentar el chisme, el morbo, ni mucho menos. Por el contrario, es comprender de una vez por todas que no somos los únicos que tienen problemas y que muchas veces no son nada comparados con la realidad de otros. Cuando somos capaces y aprendemos a distinguir entre la culpa y la vergüenza, es más fácil percatarse de lo afortunados que somos, sencillamente porque todavía estamos a tiempo para cambiar. Como cuando dice la ciencia: si nos aplicamos en trabajar esa neuroplasticidad, podríamos superar lo que hoy identificamos como problemas. O como decía mi querido profesor de química en la escuela: "Todavía tenemos tiempo para aprender a vivir".

FRANCO

En 2009, Franco cerraba la fábrica que su padre le había heredado, luego de sesenta y cinco años de historia y tres generaciones. La tarea de culminar con un legado familiar quedaba sobre sus hombros. Habían sido años muy difíciles para él y sus tres hermanos. La disputa por la herencia dividió a la familia y provocó el distanciamiento entre todos sus integrantes.

—La verdad —comentó en una de las dinámicas—, no lo supimos manejar. El orgullo y el ego fueron los que se impusieron, porque nadie se acercó a platicar, ninguno reconoció su propio error, ninguno se disculpó. Yo, en mi caso, fui mal aconsejado por mi esposa, que me urgió a asegurar todo lo que pude para evitar que mis hermanos me ganaran la partida. Mi intención siempre fue buena. Mi padre, antes de morir, me encargó administrar el patrimonio para que los *botaratas* de mis hermanos, los buenos para nada esos, no lo fueran a pulverizar. Lamentablemente no pasó como yo esperaba; ellos se me fueron encima como hienas hambrientas sobre la presa. Casi de un día al otro, las demandas empezaron a llegar, las amenazas no cesaron por semanas. Era como si nunca hubiese conocido a estas dos personas con las que crecí. Cuando tuve la oportunidad de reaccionar e intenté buscarlos, ya fue demasiado tarde. Yo no tenía cabeza para pensar y me refugié en el alcohol. No sé si fue un error, pero le dejé el manejo de mi defensa a la *Alemana*, la víbora con la que me casé.

Franco no supo lidiar con sus problemas: la pérdida de su padre, el ataque de sus hermanos y la presión de la *Alemana*. Fue mucho más sencillo culpar a los demás por sus infortunios, y dejarse caer víctima del efecto reactivo. De hecho, ya le gustaba la copa, y le resultó muy fácil encerrarse en la cantina con los amigos para celebrar el olvido.

—Cuando estás pasadito de copas, todo es más fácil —afirmaba.

Comenzó por llegar tarde a casa, de puntitas, para que la *Alemana* no se diera cuenta, pero por más que intentó pasar desapercibido, nunca pudo burlar a la *ss* que tenía bajo el mismo techo. Comenzaron las discusiones y los reclamos. Franco casi no iba a la oficina a trabajar; era muy difícil encontrarlo por teléfono.

Su primera reacción al abrir los ojo era estirar el brazo para buscar la botella que seguramente había quedado a medio vaciar la noche anterior. No lo corrieron de la casa, pero lo desterraron al sofá del estudio, donde se le facilitaba más convivir con el alcohol y sus miserias. Tenía un promedio de tres botellas que escondía en lugares estratégicos para que los niños no se dieran cuenta del problema y empezaran a hacer preguntas. Con tan sólo siete y cinco años, los pequeños ignoraban el poder de destrucción que el alcoholismo conlleva para un ser humano y una familia.

Los reclamos de la *Alemana* no se hacían esperar, y las amenazas empezaron a llegar. La lucha en dos frentes fueron más de lo que Franco pudo soportar. Significaba un infierno del cual sólo hallaba refugio en la bebida.

Nunca reconoció que tenía un problema. Para él, esa realidad paralela creada por el vicio le resultaba suficiente, representaba la única forma de subsistir. Todo lo demás estaba a la deriva.

Poco a poco, sus hijos y la *Alemana* continuaron sus vidas sin la presencia del padre y esposo. Ella lo echó de la casa y Franco regresó con su mamá, hasta que esta última, cansada de las riñas con sus hermanos, también le pidió que se marchara. Franco acabó durmiendo en el sofá de la oficina.

Los empleados comenzaron a irse, otros le siguieron robando, pocos le fueron leales y lo cuidaron hasta casi el momento final, antes de que cerrara la fábrica. Ese día, Franco conoció a Isabel, el personaje de mi libro *Yo elijo despertar*, una consagrada mentora y *coach* certificada del programa Las 9 Transformaciones.

Isabel lo encontró dormido en una banca del parque Lincoln, en Polanco, a donde llegó a deambular mientras pensaba en qué se había equivocado y cómo había perdido esposa, hijos, hermanos y negocio. Yo conocí a Franco dos días después.

El siguiente expediente pertenece a una joven cuya trasformación no deja de sorprenderme. Cuando su madre llegó conmigo, pensaba que Michelle era el problema. Pero luego de platicar largo y tendido con Francesca, sospeché que gran parte de la solución al problema dependía de la actitud de la mamá, y la nueva postura que debía tomar para apoyar el progreso de su hija.

MICHELLE Y FRANCESCA

Michelle, una joven de dieciocho años, es hija de padres divorciados. Pasaba la mayor parte del tiempo en casa de su madre, aunque en los últimos diez meses esa frecuencia se redujo. Tiene un hermano de siete años que al igual que su progenitora le agrada mucho leer. La diferencia de edad entre Michelle y su hermano ha propiciado que ella muchas veces haya asumido el papel de mamá, mientras, su madre, Francesca, especialmente en los últimos diez meses, jugaba a la enamorada con el novio de turno.

Por alguna razón, Michelle apelaba al sexto sentido que todas las mujeres claman tener, y estaba segura de que este novio, como los cinco anteriores, no duraría mucho. Después de todo, una mujer divorciada con una joven adulta semiadolescente y un niño en formación son una carga que fácilmente desanima a cualquier potencial candidato a nuevo esposo.

Michelle siempre fue celosa de su madre, y nunca llegó a aceptar que sus padres se divorciaran.

—¿Cómo pudo engañarme el muy desgraciado? —se martirizaba Francesca con la pregunta, que cual satélite espacial, le venía dando vueltas en la cabeza desde los últimos cuatro años, cuando ocurrió que, cual *señorita Laura de América*, sospechando algo raro, siguió al "desgraciado" para descubrir nada más ni nada menos que mantenía una relación de dos años con otra mujer, con quien ya compartía casa y hasta dos mascotas.

Michelle y Francesca eran muy cercanas, y fue quizás esa cercanía lo que llenó de odio hacia el sexo opuesto a la joven de catorce años. Cuando se destapó el engaño, Francesca nunca dejó de meterle cizaña en la cabeza a su hija en contra de su padre.

—Todos los hombres son iguales: mentirosos, hipócritas, falsos, malnacidos y manipuladores.

Con ese extraordinario set de referencias, Michelle, tras salir de la prepa, tuvo su primer novio al que utilizó para perder la virginidad; o mejor dicho, al que eligió entregársela de manera fría y calculadora, pues, contrario al consejo de su madre, concluyó que a su edad ya necesitaba aplacar ese impulso biológico que toda mujer siente y debe satisfacer pasados los diecisiete años.

Con recelo, Michelle veía cómo sus dos mejores amigas vivían enamoradas de sus parejas. Ella envidiaba la felicidad o la calidad de la relación que veía que gozaban, pero no se iba a arriesgar a sufrir como su mamá lo había hecho con su papá, el infame Facundo.

De todas maneras, para qué cambiar, si estaba cómoda así. Francesca la entrenó para ser una experta en repostería. Ambas se juntaban dos veces por semana para acabar el pastel en turno, hablar mal de los malévolos machos marabuntas y chismear sobre los vecinos y la vida. Francesca era una mujer muy creyente del evangelio; Jesucristo se había convertido en la única figura masculina en la que ella seguía creyendo, aunque después del divorcio empezó a acercarse un poco más a la Virgencita guadalupana.

—Cristo siempre está con nosotros. Él sabe qué nos pasa y por qué. Tú entrégate a Él y confía, mi querida hija, y todo te saldrá bien en esta vida.

Francesca, entretanto, era una mujer muy amargada, que a raíz de la infidelidad se dedicaba a instigar a quien se dejara sobre su rencor y su desconfianza por los hombres. Desde que Michelle tuvo diez años, Francesca encontró en la joven un potencial de *protegée,* una alumna que, como esponja, absorbería todos los conceptos y las experiencias de mamá.

Por otro lado, la vida de Francesca había sido muy sufrida. Sus padres fueron alcohólicos, aunque ella hasta los veinticinco años nunca lo supo o no se dio cuenta de ese detalle, y no era porque el padre abusara de su madre o la lastimara. Ambos disfrutaban buenas copas con amigos o solitos los dos. Eran una pareja divertida. Nunca los vio hacer ejercicio, y en la mesa nunca faltaba el pan, las bebidas de cola, el café y, por supuesto, las copitas digestivas antes, durante y después de cada sentada a la mesa. Su padre era un empresario económicamente exitoso, y su madre no trabajaba, cuidaba de ella y de sus hermanos, a quienes educó lo mejor que pudo. Su padre murió de sífilis, y el día del funeral apareció la otra mujer; ahí se enteró de la doble vida de su progenitor y conoció a sus medios hermanos.

La confesión de Michelle a su madre acerca de los sentimientos que un compañero de clases empezó a despertar en ella, provocó que Francesca cayera víctima del pánico producido por la idea de perder la atención de su querida hija.

Cuando Francesca llegó conmigo, su enfoque y sus intenciones de ayudar a su hija eran genuinas, su temor a perderla por "culpa" de un miembro del sexo opuesto la cegaba y no le permitía ver que ella misma necesitaba tanta o más ayuda que su propio retoño.

LAS CONEXIONES DE ESTANCAMIENTO

Uno de los objetivos del programa Las 9 Transformaciones ELITE, basado en la ciencia aplicada de bienestar integral, es llevar al individuo de la mano de la ciencia a una recuperación paulatina de su autoestima. Lo que antes por falta de conocimiento no era posible, hoy en día es totalmente concebible. Pero el reto actual es de otra índole. La sociedad ha llegado a un extremo poco saludable, o mejor dicho, bastante enfermo que nos refleja un trasfondo donde la manipulación del ser humano está siendo premiada con reconocimientos profesionales y económicos. La consigna ahora es: mientras más convences, más te pago. Es decir, si tu idea convence a más neuroconsumidores, te renuevo la cuenta para la próxima campaña. El éxito es medido en función de su impacto en un mercado programado para consumir.

No es que mantenga una posición contraria al capitalismo ni mucho menos, el sistema existe, quebrado y manipulado, pero sí estoy en contra de que nos estén cambiando las reglas del juego y no se preocupen por enterarnos sobre dichos cambios. Por ejemplo, seguimos consumiendo pollo, pero no nos dicen que ese pollo ya no es como el de antes; ahora crece en la mitad del tiempo y pesa el doble cuando llega al matadero. Ya son menos los gobiernos que se preocupan por sus gobernados, la política tiende a beneficiar intereses particulares en vez de intereses comunes, la pugna por lograr y mantener el poder provoca la corrupción y la impunidad. Cada vez más y más la responsabilidad por defender y mantener un estilo de vida en pleno gozo de nuestro bienestar integral es nuestra. Hoy en día la tecnología y las redes permiten que muchas cosas se sepan. Pero eso no quiere decir que la solución esté a la vuelta de la esquina, porque esos mismos medios también están al alcance de los grupos de poder que controlan y saturan las redes con el recurso que tienen en abundancia: dinero.

Los medios son un negocio que para subsistir necesitan transmitir una programación que les genere *ratings*, con el fin de atraer a los grandes patrocinadores, condición que los mantiene de alguna manera dentro de un verdadero círculo vicioso.

Este modelo capitalista, que viene funcionando desde que existe el *free world*, consiste en incrementar el consumo y la acumulación de capital. Es un sistema que no necesariamente ayuda a promover nuestro espíritu de cultivadores, y que por el contrario, nos mantiene todo el tiempo en jaque. Ya no podemos dejar de estar alertas ni confiar en que nuestros gobernantes velarán por nuestro propio bienestar. Ésa es una estafeta que hace muchos años se le pasó al individuo.

Por experiencia propia, les digo y les advierto que esta responsabilidad, para los que entendemos lo serio del problema, cada vez es más difícil de llevar. En mi casa, por ejemplo, a veces encuentro una oposición sana, pero oposición a fin de cuentas, con mis hijos cuando se trata de aceptar qué productos entran o no en la alacena. O cuando se trata de vigilar que mantengan hábitos saludables para estar alertas y saber elegir. Y surgen los debates donde como padre y figura de autoridad y respeto en sus vidas, necesito contar con los galones suficientes para retarlos y hacerlos pensar en lo que es bueno o malo en su rutina diaria, a evitar el exceso de azúcar, a preferir ciertas películas y videos por encima de otros, por convencerlos de que a veces una visita al museo o la lectura de un buen libro pueden ser opciones tan divertidas como ir al cine o quedarse en casa jugando con el Xbox. En el mundo actual, necesitamos mantenernos todo el tiempo alertas y asumir la práctica proactiva del bienestar integral como una responsabilidad primordial.

Por eso, mi intención de hablarte de la vida de algunos de mis alumnos es porque quiero proponer que en la actualidad, la responsabilidad de nuestro bienestar integral, de romper la cadena que representa el círculo vicioso y la trampa de la felicidad que nos mantiene presos, es nuestra y de nadie más. Una de las luchas presentes ya no es el acceso a la información ni quizás a los medios; la lucha principal, en mi opinión, es conseguir el tiempo para cultivar y mantener vivas las ganas de aprender.

> Si desconocemos cuáles son las nuevas reglas del juego, ¿cómo sabremos entonces qué es lo que estamos jugando?

Por eso hay que conocernos, y cuando hablo de eso me refiero a dedicarle más tiempo a nuestra persona, a desarrollar esa habilidad de practicar el egoísmo desde la esquina del altruismo, y de aprender a recibir la retroalimentación de los demás de manera objetiva, para permitirnos tomar conciencia y disfrutar este proceso de crecimiento y liberación personal.

Aprender y aplicar la ciencia del bienestar integral como un estilo de vida es, en mi opinión, la forma más efectiva de iniciar un proceso de rescate personal que nos permita escapar del círculo vicioso.

Luego de haber trabajado con miles de particulares y empresas en diversas circunstancias durante muchos años, mi equipo de investigación y yo pudimos encontrar seis *conexiones de estancamiento* que nos permitieron ubicar la salida de este círculo vicioso, identificando por qué la gente permanece adentro y no puede salir de él.

El primer paso es identificar primero para entender después cuáles son estas conexiones de estancamiento, dónde las ubicas dentro de tu círculo vicioso y, sobre todo, qué es lo que las mantiene activas.

Las siguientes son las conexiones de estancamiento:

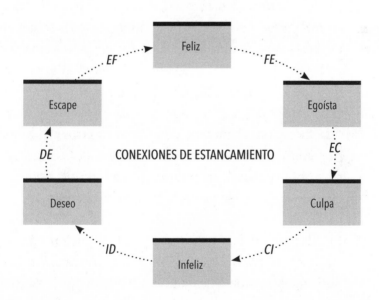

Si analizamos de cerca el caso de Lorena, entenderemos de forma más precisa cada una de estas conexiones.

1. **ID/Infeliz–Deseo**: Cuando la situación negativa de infelicidad provoca en el individuo un deseo de cambio.

   Lorena estaba cansada de sentirse mal, de no estar contenta con su figura, de no sentir que tenía las mismas oportunidades que sus amigas más delgadas cuando de conseguir pretendientes o novios se tratase. Ella no sabía o no entendía con claridad el impacto en su autoestima; estaba enfocada en el dolor de su realidad que la hacía muy infeliz.

2. **DE/Deseo–Escape:** Cuando el deseo provoca una acción o un conjunto de acciones en busca de cambiar la situación de infelicidad.

   Cuando Lorena comienza a desear un cambio, ese deseo es influenciado por un anuncio publicitario (la mujer en mallas que se mantiene en forma y despierta el deseo en el sexo opuesto). Lorena no estaba contenta con su realidad, no sabía exactamente qué hacer o cómo hacerlo, hasta que en un momento de debilidad y hasta desesperación, el anuncio tiene éxito con ella y le vende su mensaje como solución a sus problemas. Con la reiterada observación de tal publicidad, camino a la universidad, en su mente se produce el deseo de cambio.

3. **EF/Escape–Feliz:** Cuando el escape/solución con dirección positiva o negativa empieza a brindar al individuo emociones de felicidad o satisfacción por los logros

obtenidos. Esta conexión de estancamiento es arbitraria, ya que está basada en la interpretación de la experiencia del individuo. En el caso de las adicciones, los sentimientos de felicidad van a estar presentes a pesar de que la acción sea negativa para el practicante.

Lorena decide inscribirse al gimnasio y comenzar una rutina diaria de ejercicios, pensando que es la solución a su fase o estado infeliz. Pretende la felicidad o el cambio escapando de su realidad; se equivoca en el trasfondo de la iniciativa que la lleva a buscar aceptación. Ella no lo sabe, pero sin darse cuenta no persigue la felicidad o el bienestar, está escapando de su realidad con base en un deseo que ni siquiera es provocado por su situación de insatisfacción personal.

4. **FE/Feliz–Egoísta:** Cuando la emoción de felicidad, producto de la etapa previa, produce que el individuo sea señalado como egoísta. Cuando el comportamiento de la persona no obedece a una intención de altruismo y el cambio de actitud que genera la sensación de felicidad perjudica negativamente a otras personas.

En el momento en que Lorena empieza a disfrutar sus resultados físicos, el medio le recrimina su actitud egoísta por dedicar horas del día a cultivar su salud y su bienestar. Hábito que en lugar de elogiar, se le critica conforme transcurren las semanas.

5. **EC/Egoísta–Culpa:** Cuando la acción o la influencia externa provoca culpa en la persona. La culpa propiciará

que, por consecuencia, la persona justifique repetir la acción negativa o desista de la acción positiva que emprendió.

Eventualmente Lorena no podrá escapar a sentirse egoísta y culpable por dedicar esas horas al gimnasio, a cultivar su salud y figura física en la rutina y el tiempo. Por desgracia, y por tener equivocado el punto de partida, ella no es capaz de justificar un egoísmo altruista en su estado feliz, y cae víctima del egoísmo negativo que la conduce de manera inevitable a sentirse culpable.

6. **CI/Culpa – Infeliz:** Cuando la culpa conduce a un individuo a sentir infelicidad, y ahí comienza el círculo vicioso.

Lorena finalmente cede al sentimiento de culpa, renuncia una vez más al intento de buscar felicidad y cambio, y regresa al estado infeliz, pero esta vez con un daño mayor en su autoestima. Para ella, al recaer le será mucho más difícil salir de esta trampa de la felicidad.

Ve a la siguiente liga para hacer el ejercicio con Eduardo:
<http://www.lastrampasdelafelicidad.com/ejercicio6>

EJERCICIO

◉ Toma lápiz y papel y responde las siguientes preguntas:

» ¿En qué conexión te está costando más trabajo cortar?

» ¿Dónde te sientes atrapado?

» ¿Qué parte de este círculo vicioso representa el mayor reto para ti?

» ¿Sabes cómo salir de la trampa y del círculo vicioso?

Ahora que hemos llegado hasta aquí, hemos visto cómo detectar si estamos tomando decisiones a partir del círculo vicioso y, más aún, en qué parte de este círculo estamos estancados. En el siguiente capítulo te hablaré de los cortes que podemos hacer para poder entrar en el bienestar integral.

●CUARTA
PARTE

C ontinué con la lectura de los casos de mis alumnos hasta que empezó a oscurecer. Entonces recordé que tenía hambre. Manita y mis hijos habían salido desde temprano y aún no habían vuelto. Me levanté del sofá con cierta nostalgia y el silencio de la casa me recordaba las ausencias: no estaba ya Lorena, Stuart iba de regreso a Los Ángeles, y los amores de mi vida, mi familia, seguramente estaban divirtiéndose en algún lugar de la ciudad.

Decidí ir a la cocina a prepararme otro de mis deliciosos licuados para recuperar el temple. Ahí estaba, mi fiel compañera. La limpié con gusto y el jugo quedó listo en pocos segundos. Me reanimé bastante. Mirando a través de la ventana de la cocina, pensé que la vida es esto también. Momentos de soledad, de alegrías, de encuentros y desencuentros. Con una sonrisa, di media vuelta y volví a mi estudio. c3po seguía firme en mi escritorio y los expedientes estaban revueltos en el sofá. Encendí la lámpara de mesa y continué con mis análisis. Era momento de entrar en los cortes de ese círculo vicioso del que tanto he hablado.

LOS CUATRO CORTES

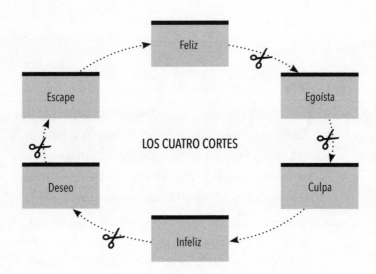

Los cuatro cortes, como su nombre lo indica, son rupturas que pueden realizarse con el fin de interrumpir las conexiones de estancamiento, procurando evitar que se repitan los mismos errores o las acciones dentro del círculo vicioso. En la ciencia aplicada del bienestar integral identificamos cuatro cortes que podemos inducir.

El primer paso, como comenté en el segundo capítulo, es averiguar cuál es tu círculo vicioso y sus elementos. Ese proceso es relativamente sencillo, lo que se complica es su ejecución, ya que, como nos confirma la estadística, sólo 10% de la gente aplica lo que aprende. Mi experiencia de tantos años, me confirma que cada vez son menos los que están conscientes de sus conexiones de estancamiento. La razón principal es que las personas no saben dónde están estancadas.

Es difícil que las personas se percaten de que están dentro de su círculo vicioso, pero, sobre todo, que reconozcan en qué aspecto se hallan estancadas. Identificar tu conexión de estancamiento depende de varios factores como la experiencia, el nivel de madurez, el nivel de conciencia, la claridad para detectar el punto de partida, el poder de decisión y compromiso.

La tarea para ubicar esas conexiones puede durar varias horas o varios días. y consiste en darnos el tiempo necesario para analizar la realidad presente, tarea que en Las 9 Transformaciones se lleva a cabo respondiendo de forma verbal o escrita a una serie de preguntas, y participando en diversas dinámicas llamadas *sesiones* TRIAD, porque se trabaja en grupos de tres personas, que son parte del proceso de reconocimiento cognitivo del programa.

Durante estas sesiones, el participante reconoce, declara y comparte las conexiones de estancamiento que ha identificado previamente, luego de responder una serie de preguntas diseñadas para tal propósito.

En el caso de Oscar —que vimos en el apartado anterior—, por ejemplo, nos enfocamos en señalarle que su monotonía provocó que perdiera la pasión por la vida, que su inseguridad y su miedo lo condujeron a cometer los mismos errores al elegir pareja. Las preguntas durante su sesión TRIAD se enfocaron en su necesidad de estar acompañado y el terror que representaba para él saberse solo.

- ¿Cuándo fue la última vez que estuviste sin pareja?
- ¿Qué haces cuando te encuentras solo?
- ¿Qué es lo que más te gusta hacer?
- ¿Qué es lo que te agrada de tu trabajo?
- ¿Qué es lo que más disfrutas de tu rutina diaria? ¿Por qué?

En el caso de Patricia, las preguntas de su sesión TRIAD se enfocaron en que se diera cuenta de que su historia, por patética que le pareciera, no era aislada ni tampoco debería ser algo que la avergonzara; ella necesitaba reconocer que era víctima de abuso físico y verbal por parte de su esposo, y que debía trabajar en la reconstrucción de su nivel de autoestima.

- ¿Qué es lo que quieres para ti?
- ¿Qué sientes que mereces?
- ¿Sientes que tu esposo es un hombre justo?
- ¿Qué tienes en tu vida que te dé valor?
- ¿Qué es lo que más aprecias en tu vida?
- ¿Qué te gustaría hacer en tus próximas dos décadas?
- ¿Cómo sientes que te gustaría vivir?

En el caso de Franco, que de alguna manera se asemeja al de Patricia, el grupo TRIAD se enfocó en que tomara conciencia del valor que tiene como ser humano, en los seres que todavía lo amaban y que esperaban con ansias recuperarlo; en darse cuenta de que aún valía la pena seguir luchando en la vida.

- ¿Qué es lo que quieres rescatar o recuperar en tu vida?
- ¿En qué invertirás durante los próximos cuarenta años de tu vida?

- ¿Qué crees que le gustaría a tu familia ver de ti?
- ¿Qué es lo mejor que tienes para dar a los demás?
- ¿Qué estás dispuesto a hacer por los que amas?

El punto de partida se enfoca en reconocer oportunidades de corte y crecimiento. La retroalimentación del grupo consiste en primero escuchar y luego cuestionar. Se busca inducir al individuo a la reflexión y a la autorrespuesta a través de cuestionamientos inductivos. Uno de los principales objetivos es ayudarlo a realizar dos cosas. La primera, reconocer su realidad; y la segunda, identificar aquello que le da significado.

Posteriormente, el participante es invitado a revisar sus respuestas y compararlas con *patrones alternos*. Estos últimos representan la conducta deseada. Es decir, su *yo* ideal o su situación ideal. Son patrones de conducta o pensamiento que el participante aspira adaptar a su vida, al romper el círculo vicioso.

En el caso de Oscar, le tomó poco más de una semana darse cuenta de que se hallaba en su estado infeliz, el cual se reflejaba en su temor a estar solo y en su miedo a que la gente ya no lo percibiera como el más exitoso de la manada. Tenía miedo al rechazo y a mostrar sus puntos débiles, bajo la creencia de que toda la gente se aprovecharía de él.

En el caso de Michelle, ella necesitaba darse cuenta de que su postura frente al sexo opuesto era de juez y parte, que el condicionamiento que había recibido de Francesca, su madre, le impediría mantener una relación honesta con cualquier pareja. Por otro lado, Francesca necesitaba superar el rencor que la embargaba por haber sido engañada, darse la oportunidad de redescubrirse y liberar de toda culpa a Michelle, su hija.

En el caso de Franco, él necesitaba liberarse de la culpa de haber manejado mal el negocio de sus padres y de la asociación enfermiza con su mujer. Necesitaba darse un espacio para crecer y sanar las relaciones deterioradas con su familia.

Si no puedes trabajar en la dinámica TRIAD, también es posible identificar las conexiones de estancamiento de forma individual y en la privacidad de tu propio espacio, aunque es preferible hacerlo en grupo para llegar a un nivel de claridad e imparcialidad que en la mayoría de los casos sólo la retroalimentación externa puede proporcionar.

A continuación responde a las siguientes preguntas:

¿Qué es lo que deseas cambiar?

¿Qué te llevó a querer cambiar eso que quieres cambiar?

¿Por qué quieres cambiar?

¿Cuántas veces en el pasado has intentado cambiar y de qué forma lo has procurado?

¿Cómo te fue en los intentos anteriores?

¿Quién participó en el proceso y qué fue lo que sentiste una vez que tomaste acción?

¿Cómo respondiste cuando observaste los cambios que empezaste a lograr?

¿Cuánto tiempo te duró el cambio o cuánto tiempo te mantuviste en el proceso?

¿Qué emociones se disparan cuando te enfrentas con el egoísmo y cómo manejaste el nivel de culpa?

¿Qué fue lo que sentiste cuando te diste cuenta de que estabas repitiendo el círculo vicioso?

Dependiendo de la persona y su relación dentro del círculo vicioso, la ruptura o corte se puede producir en cuatro diferentes momentos:

Primer corte: Infeliz-Deseo (ID)

Se genera cuando provocamos el cambio en el punto de partida; en este caso, en la fase infeliz. Lo primero es identificar y darnos cuenta de la situación o la razón por la cual queremos cambiar. Pregúntate: ¿qué es lo que está provocando que desees ese cambio?

Cuando la mecha que enciende el cambio es la infelicidad y ésta es provocada por la desaprobación, la inconformidad o la frustración, es necesario primero identificar la emoción que estamos experimentando y luego la causa que nos produce esa emoción.

En el caso de Oscar, su punto de partida, luego del divorcio, fue el miedo a sentirse solo y aceptar que había fracasado como pareja, lo cual lo alejaba de su imagen de hombre de éxito. Mantener la apariencia de éxito y la soberbia del "yo puedo todo", ocasionado por el miedo, detonaron en él la necesidad de escapar hacia una felicidad artificial que lo hacía sentirse egoísta y culpable. Ese mismo miedo provocó que llegara al extremo de casi volver a cometer el error de casarse por el simple hecho de no quedarse solo.

La fase infeliz genera una emoción que puede representar la oportunidad de romper el círculo vicioso si nuestro nivel de conciencia nos permite discernir lo que necesitamos cambiar; pero llegar a ese nivel de conciencia no es fácil, sobre todo si vivimos esa situación una y otra vez.

Aconsejo responder a las preguntas que planteé con anterioridad y buscar la dinámica del TRIAD; trabajarlas primero en privado y luego en dinámicas de grupos para tener un panorama de la conexión de estancamiento en trescientos sesenta grados. Cuando estamos conscientes de esa oportunidad de crecimiento, el corte ID es posible.

Segundo corte: Deseo-Escape (DE)

Se produce entre las conexiones de estancamiento, cuando la sensación de cambio se traduce a un deseo de escapar de la situación que nos hace sentir infelices. Proviene, asimismo, de la conexión de estancamiento infeliz, donde el impacto a la decisión de escape es directo. Es decir, el deseo de escapar es producido por la infelicidad, lo cual genera un punto de partida equivocado que muy probablemente nos mantenga dentro del círculo vicioso.

La acción estará orientada a evadir la emoción actual y buscará ser remplazada por un escape a una felicidad rápida y superficial.

En el caso de Susana, ella concebía el deseo de estar con Antonio como un escape a su realidad; su punto de partida surgía del miedo a quedarse sola. No se daba cuenta de que por acomodar una situación parcialmente saludable, marginaba su realidad. Susana necesitaba sentirse deseada, querida, pero su punto de partida era un escape a una realidad que en un estado enfermo de bienestar integral no podía vislumbrar con claridad.

Tercer corte: Feliz-Egoísta (FE)

Se produce cuando la persona que ya está en plena realización de la actividad que le genera la emoción o sensación de felicidad, se da cuenta de que el tiempo que le dedica a su persona es el resultado de una conducta egoísta. En esta conexión de estancamiento el concepto de egoísmo altruista puede ayudarnos a entender que la actividad que nos produce ser feliz también nos da la posibilidad de cortar el círculo vicioso. En esta conexión de estancamiento en particular, no importa si el punto de partida fue positivo o negativo, mientras tengamos presente que el cambio producido no afecta de manera contraproducente la salud física o mental de otros. Cuando la actividad que nos produce felicidad, como por ejemplo, una dieta, no afecta a nadie más que a nosotros, solo nos falta aplicar correctamente el egoísmo altruista para provocar el corte y redireccionar lo resultados positivos.

Podríamos decir que nuestra amiga Lorena llegó a ese punto en su proceso de círculo vicioso, pero no supo mantenerlo. No olvidemos que si alcanzó tal situación, es porque escapaba de la conexión infeliz. Ella no fue consciente del poder liberador que tiene practicar un egoísmo altruista, lo cual propició que todo su progreso para sentirse mejor, eventualmente se revirtiera y la inundara de culpa y remordimiento.

En el caso de Michelle, ella estaba siendo egoísta al dejarse enganchar por el compañero de estudios. Contagiada por las emociones y el bienestar de sus amigas en sus relaciones respectivas, Michelle empezó a desear lo mismo para sí, cuestionando su propio *mind set*. Cuando Francesca, su madre, vino a buscarnos, y a enrolarse junto con su hija al programa, lo que en realidad buscaba era escapar de la emoción de egoísmo que la mantenía dentro del círculo vicioso.

Cuarto corte: Egoísta-Culpa (EC)

Se produce cuando, a pesar de obtener resultados positivos por la nueva actividad que produce felicidad, el individuo reacciona a la retroalimentación negativa del medio. En este caso, muy frecuentemente, la retroalimentación es una respuesta consciente o inconsciente de familiares o colegas que responden de forma negativa al estrés que genera el cambio de actividad. Por la naturaleza de la presión al cambio, el EC es la conexión de estancamiento más difícil de cortar. La culpa es la causa número uno de la infelicidad y es crucial entender lo que la está causando y razonar cómo el efecto de egoísmo altruista nos puede ayudar. Es posible cortar esta conexión de estancamiento si establecemos la conexión racional-emocional de nuestra culpa y aquello que la genera.

En el caso de Franco, la culpa que sentía por la postura egoísta de manejar el dinero del difunto padre provocó su conexión de estancamiento EC, usando a sus hermanos y la presión de la esposa. Si por el contrario, hubiera procesado la culpa bajo el concepto de egoísmo altruista, habría podido cortar esa conexión.

La culpa es un gancho muy poderoso que se manifiesta de forma frecuente y recurrente. Al no estar atentos, estamos constantemente expuestos a repetir patrones de conducta que nos mantienen dentro del círculo vicioso.

- ¿Te sientes culpable por lo que hiciste o estás haciendo?
- ¿Piensas que por tu actividad o tu nuevo hábito estás afectando a otros de forma negativa?
- ¿Sentirte bien provoca que otros se sientan mal?
- ¿Sientes que eres de los que se pone un abrigo para que tu vecino tenga frío, o eres de los que se lo pone para protegerse del frío y ayudar a los demás?

CUANDO EL CORTE SE PRODUCE

El propósito de trabajar con el círculo vicioso es identificar la oportunidad para realizar el o los cortes dentro del mismo. Un hábito tiene un patrón que normalmente se repite, como lo señala Charles Duhigg en su libro ya mencionado. Es identificar y darnos cuenta en qué reincidimos y volvemos a recaer. Percatarnos de nuestro punto de partida erróneo y de qué es lo que nos orilla a intentar escapar de la realidad, qué no queremos en nuestra vida pero que mantenemos como parte integral de la misma.

Cuando tomamos conciencia de nuestro círculo vicioso y de dónde debemos producir el corte, la mitad del trabajo ya está hecho. Resta ahora empezar a trabajar en grupo, apoyándonos en él para que él se apoye en nosotros. Éste es el paso más difícil y donde en realidad comienzan los cambios. Es como cuando acudes al médico y te diagnostican un mal. Ya que lo sabes, ahora sólo te queda seguir el tratamiento al pie de la letra y apostarle a la recuperación paulatina, hasta que con el tiempo sanes. Es en la aplicación donde radican la diferencia y los resultados.

Siguiendo con los testimonios y los ejemplos de los participantes antes mencionados, en lo que respecta a Oscar, él descubrió que una de sus conexiones de estancamiento era el miedo a que los demás perdieran la imagen de éxito que él proyectaba, lo cual permitió que identificara el corte correspondiente DE.

En el ejemplo de Patricia, su conexión de estancamiento se hallaba en su relación de pareja. La infidelidad de su esposo y el rechazo que sentía por sus hijos la hacían percibirse como una víctima injusta de una vida que se le escapó de su control. El corte en Patricia se produce cuando se da cuenta de que su vida no depende de su esposo o de sus hijos, sino de ella, cuando descubre que la única manera de salir de su situación es trabajando día con día en su propio bienestar, y trabajando con el grupo de apoyo que encontró dentro del programa.

En el caso de Michelle, ella encontró que su conexión de estancamiento radicaba en la desconfianza que sentía hacia el sexo opuesto y en el infundado rencor que le heredaron su madre y su tía. Michelle encontró que el corte se producía ejerciendo el músculo de *let go*, o *dejar ir*, dándose la oportunidad de perdonar y ser perdonada, para abrir la puerta al cambio de actitud que le permitiera empezar su proceso de transformación.

EFECTO REACTIVO *VS.* EFECTO PROACTIVO

Cuando pienso en mi querida Lorena, me doy cuenta de que ella no sabía todo eso cuando era tan solo una estudiante, cuando vivió su círculo vicioso. Ella era víctima de las circunstancias y de su familia. Ella, como muchos otros, era muy joven para discernir a qué hacerle caso y a qué no.

Lorena en esa época era demasiado inexperta para entender que en esta mesa *sólo hay de dos sopas*, como decía mi querido tío Juan: o bien, la falta de bienestar integral es resultado de nuestras circunstancias o las circunstancias son resultado de nuestro bienestar integral.

Reaccionar es responder con determinación a un estímulo exterior. En apariencia, todo está bien hasta el momento en que nos encontramos gritando, sufriendo, golpeando, discutiendo o peleando; cuando las cosas no salen como queremos. Me gusta la frase que dice: "Si quieres que Dios se ría, cuéntale tus planes". Yo diría que conmigo, por ejemplo, se viene "matando" de la risa, porque por más que planeo, las cosas siempre toman su curso; o me adapto, o me adapto, lo cual me hace recordar el otro refrán que reza: "Eduardo propone y Dios dispone".

El acto de reaccionar se debe a que tenemos un *bandido* en el cerebro, un *mercenario* escondido en las entrañas de esa selva de tejidos nerviosos. Al conjunto de núcleos de neuronas que forma parte del sistema límbico, donde se cumple la función de procesar y almacenar las reacciones emocionales, se le llama *amígdala cerebral*. Para ilustrar cómo funciona, comparemos el neo córtex con los cajeros de un banco, y al sistema límbico con los clientes del banco. Imagina que de pronto entra un asaltante y, encañonando a todos, secuestra la situación. El asaltante sería, en este ejemplo, la amígdala cerebral, que toma control de los empleados y clientes, que en este caso serían los dos cerebros (neo córtex y límbico); o mejor dicho, la razón y la emoción. Cuando la reacción es negativa, y atenta contra nuestra salud, debemos tomar nota y concientizar la frecuencia y el tono de dichas reacciones.

¿Cómo vives tu vida? ¿Eres la causa o el efecto? En otras palabras, ¿vives de una manera proactiva o reactiva? ¿Eres de los que tienen ideas y las lleva a cabo, o simplemente eres de los que se quedan mirando?

Efecto reactivo

El efecto reactivo tiene como punto de partida un escape o una emoción negativa como la infelicidad. Provoca en el individuo un deseo de huir o dejar de sentir lo que está sintiendo. Se produce por la saturación de la realidad o *realidad percibida*. La persona que busca el cambio en un estado de reactividad, tiende a enfocarse en el problema antes que en la solución. Es una persona con limitada capacidad de discernir los pros y contras. El motor de su cambio será siempre escapar o evadir la situación que genera la reacción, afectando su poder de claridad de forma negativa. La gente reactiva no propone, sólo responde.

> Si vives bajo el efecto reactivo, eres de los que piensan que la culpa, las circunstancias por tu mal humor, por las cosas que no has conseguido en la vida, la tienen otros. Es posible que percibas poco poder en ti y que dependas de otros para sentirte bien sobre ti mismo o sobre tu vida.

EFECTO REACTIVO

Cuando vives bajo el efecto reactivo, puede que seas de los que piense: "Si tan sólo mi jefe, mi pareja, mis colegas, mis padres o mis hijos me comprendieran y me ayudaran a cumplir mis sueños, entonces mi vida sería diferente". Si esperas y simplemente deseas que las cosas sean distintas, o que otros te ayuden con tus resultados y tu felicidad, entonces eres una víctima de las circunstancias. Yo te pregunto: ¿dónde está la satisfacción en eso?

Creer que alguien más es responsable por tu felicidad o por tus emociones puede resultar muy limitante, sea una persona o un dogma. Mientras decidas ceder tu poder a otros, mientras decidas no elegir, seguirás viviendo dentro de un círculo vicioso que eventualmente acabará con tu autoestima y frustrará tu potencial.

Por otra parte, si te comportas así, ¿qué tan interesante y atractivo crees que le resulte a otras personas pasar tiempo contigo? ¿Estarías tú con alguien así?

Quienes viven de manera reactiva con frecuencia se perciben a sí mismos como víctimas sin ninguna opción. Lo cierto es que sí tienen opciones y las están utilizando para no emprender acciones. Simplemente reaccionan como pueden ante lo que se les presenta.

Emociones como culpa, miedo, ansiedad y resentimiento surgen con mayor frecuencia cuando vives una vida en *efecto reactivo*. Las personas bajo ese influjo no toman responsabilidad de sus acciones o inacciones. Les puede pasar una elevada factura a su mente, su cuerpo y su vida.

Efecto proactivo

El efecto proactivo es resultado de nuestro accionar, de nuestra interpretación, de nuestra claridad. Pero ésta es una claridad que se obtiene a través de conocer y cultivar las reglas del juego. Mientras más estoy preparado, mejor responderé a la amenaza, a la circunstancia.

Esto quiere decir que mi mejor oportunidad de saber que me irá bien, no es el deseo de que me vaya bien, sino el condicionamiento proactivo para el momento en que me toque reaccionar, estar en el mejor estado físico y mental posible.

EFECTO PROACTIVO

Vivir proactivamente significa tomar la decisión de perseguir y crear lo que tú quieres en la vida, ejerciendo la responsabilidad de todas las consecuencias, los logros o los aprendizajes. Ves el mundo como un lugar lleno de oportunidades y te mueves permanentemente hacia lo que deseas. Si las cosas no se desarrollan como quieres, tomas la iniciativa y exploras otras posibilidades. Por encima de todo, sabes que tienes una opción en todo lo que haces y en cómo reaccionas ante otras personas y sucesos.

¿Eres de los que viven proactivamente su vida? Es probable que no lo hagamos todo el tiempo, aunque es posible hacerlo la mayor parte del mismo. Precisamente, para tener un contacto real sobre todas las áreas de tu vida debes utilizar las herramientas que la ciencia pone a tu alcance, para que de forma proactiva logres los resultados. Un consejo para empezar a usar estos instrumentos es encontrar tu propósito.

Como vimos en el primer apartado, el *ikigai* es "la razón de vivir" o "la razón de ser". Todo el mundo, de acuerdo con la cultura japonesa, tiene un *ikigai*. Encontrarlo requiere la búsqueda en uno mismo, profunda y a menudo prolongada. Esta búsqueda es muy importante ya que se cree que el descubrimiento del propio *ikigai* trae satisfacción y sentido de vida. Es un concepto muy similar al que se desarrolla en torno a la ciencia aplicada del bienestar integral. Como lo muestran las siguientes gráficas:

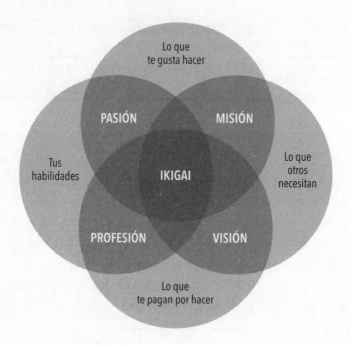

De hecho, saber cuál es tu pasión, tu vocación, tu misión y tu profesión, es contar con un punto de equilibrio y claridad que te permite mantener tu nivel de bienestar integral. Desde ese lugar es más fácil decidir, es más fácil comprometer y es más fácil vivir.

Por eso, insisto, cada noche, antes de acostarte —como se lo pido a mis hijos—, te aconsejo, amigo lector, que te preguntes, que le preguntes a tu cerebro: ¿cuál es tu *ikigai* del día de mañana? Y en consecuencia, que lo definas.

Construye un día a la vez, mejora 1% diario y deja que ese maravilloso efecto multiplicador funcione para ti. Trabajar el *ikigai*, de acuerdo con el investigador Dan Buettner,[1] mantiene con vida a todos los ancianos mayores de cien años de edad en Okinawa, Japón.

- Pregúntate cada noche antes de ir a dormir: ¿Cuál es tu *ikigai*?
- Piensa en mejorar 1% cada día y deja que ese efecto multiplicador trabaje para ti.
- Define cuál es tu pasión, misión y tu vocación.

Un elemento que cabe considerar en este punto es el efecto de los patrones de conducta. Saber cuáles son y cómo te definen para que entiendas por qué y qué producen. En esta parte, para no confundirte, sólo quiero mencionarlos de forma muy sencilla y ligera en el siguiente gráfico:

1. Dan Buettner, *National Geographic Fellow*, The Blue Zones, 2010.

PATRONES COMUNES

| Ver TV | ·····▶ | Azúcar | ·····▶ | Sofá |

PATRONES ALTERNOS

| Ejercicio | ·····▶ | Dieta | ·····▶ | Actividad |

Como apreciamos, los patrones comunes son los que la mayoría aplica, los más característicos para la gente que se mantiene dentro del círculo vicioso.

El ejemplo del patrón corriente es una persona que mientras ve televisión, consume azúcar y permanece cómoda sentada o echada en el sofá. Por contraparte, el patrón alterno lo representa una persona que está consciente de lo que le perjudica, que lleva una dieta y la intercala con ejercicio físico para conservar activo el cerebro.

¿Con cuál patrón te relacionas más?

Tanto Oscar como Susana, Patricia, Franco, Michelle y Francesca estaban de alguna manera esperando un milagro. Querían cambiar, pero ignoraban que el anhelo de dicho cambio provenía de una fuente errada. La necesidad por cambiar lo que no deseaban en vez de la voluntad de encontrar abundancia y bienestar en sus vidas. Al final, todos buscamos lo mismo, pero hallar el motivo que nos conduce a querer cambiar, hace toda la diferencia.

Casi terminaba de revisar los expedientes del grupo, cuando llegó un mensaje a mi celular; era de Giovanni, el hermano mayor de Lorena, que me buscaba: "Necesito hablar contigo. Ya no sé qué hacer con mi vida. Quiero ayudar a todos pero ni siquiera puedo ayudarme a mí mismo. No sé qué pensar. Estoy desesperado. Lo único que sé es que no quiero seguir así; por favor ayúdame. Sé que sólo no puedo".

⊙QUINTA
PARTE

E sa misma noche me encontré con Giovanni; él estaba asustado.

—Tuve una revelación —me dijo—. Yo no quiero dar este ejemplo a mis hijos. ¿Sabes?, la relación con mi esposa es un desastre, el trabajo me tiene súper estresado y hace cuatro meses que frecuento a otra mujer.

—Debo preguntarte algo importante y quiero que me digas la verdad —le advertí.

—¿Qué?

—¿Por qué me llamaste?

—Ya no quiero nada más —me respondió.

—¿Ya no quieres más de qué? Si ya no quieres más de lo que te está martillando el cerebro y quieres que esto se acabe, entonces me alegro.

—Así es.

—No eres de los de dejar nada así nomás. Por el contrario, desde que te conozco, lo que te gusta es alardear de tus mujeres, de lo que tienes.

—No sé lo que quieres que diga. Quiero decir, no sé qué pasó. De pronto todo lo que era tan bueno se tornó tan malo.

—¿Qué tiene de malo? ¿Dime qué?

—Lo estoy arruinando todo por no pensar por mí mismo. Cuando vi a Lorena en el ataúd, tan joven, tan hermosa, sentí un vacío por dentro; pensé en mis hijos, que no quería dejarlos a la mitad de su crecimiento, me sentí responsable por ello. Mira, la altanería no sirvió de nada. Sólo empeoró las cosas. Por años piensas que eres un ganador, que le estás sacando la vuelta a la vida, pero no es así. Eres realmente un perdedor. Mi relación con mi hermana fue entonces una mentira, nada fue real.

—¡Fue real!

—¡Nada es real, si no crees en lo que eres! Yo ya no creo en mí mismo. ¿No lo entiendes? Sólo vives por darle gusto a los demás, por las apariencias; eso es todo una basura. Se ha terminado, se acabó.

◉ LA PRIMERA TRANSFORMACIÓN:
REALIDAD PANORÁMICA

¡ESPERA! NO TODO ES TU CULPA…

Transformación:

El término transformación hace referencia a la acción o procedimiento mediante el cual algo se modifica, altera o cambia de forma manteniendo su identidad.

Hay momentos en la vida donde tengo que hacer que las cosas sucedan, y otras donde tengo que dejar que las cosas sucedan.

He hecho cuanto tenía que dejar y he dejado cuanto tenía que hacer.

Necesitamos entender cómo funciona nuestro entorno y lo que determina y extiende o limita la realidad en la que vivimos. ¿Cómo piensas que jugarías tu juego si de pronto te das cuenta que en realidad no conoces sus reglas? Porque en el juego de la vida las reglas han cambiado y muy probablemente seguirán cambiando. Pero también es muy probable que en los tiempos en los que vivimos, donde ya no hay tiempo para uno mismo, no nos demos cuenta de esos cambios. Cuando entiendes las reglas empiezas a ver las cosas con mayor claridad para poder tomar decisiones de corto, mediano y largo plazo que impactarán tu vida de la misma forma.

—¿Por qué no me dices la verdad?

—¿Qué me estás haciendo? ¿Quieres saber la verdad? La verdad es que no quiero perder lo que tengo. Al principio no me importaba nada. Me gustaba salir de casa, irme a trabajar, pasar o no tiempo con mis hijos, ignorar mi relación con mi esposa, jugar con otras mujeres, ¡me daba igual! Pero al ver a Lorena muerta en el cajón, me di cuenta de que no puedo seguir como estoy.

—¿Por qué hasta ahora te das cuenta de todo esto? El valiente, el *valemadre*. No me cuentes historias. Quiero que me digas ahora: ¿cuál es la verdad, carajo?

—¡Tengo miedo! ¿Quieres oírme? ¿Quieres que me quiebre? Muy bien, tengo miedo. Por primera vez en la vida, tengo miedo.

—Yo también tengo miedo. No hay nada de malo en sentirlo.

—Sí lo hay para mí.

—¿Por qué? Eres humano, ¿verdad?

—Mira, no sé lo que soy. He mentido, y por eso Lorena está muerta. Yo tuve que haber salido en vez de ella a buscar esas medicinas para la *mamma*, pero mentí. Les dije que estaba ocupado, cuando en realidad me hallaba en casa de mi amante.

—Tú no la obligaste a salir de casa esa noche. Era una mujer grande que hizo lo que le tocaba hacer. Y tú no tienes derecho a sentirte culpable por lo que pasó. ¡Tú no lo hiciste! Eres un tonto si piensas de esa manera. ¿Quieres decirme que ella no quisiera que lograras hacer lo mejor con tu vida? ¿Su ejemplo no fue suficiente para que de una vez por todas enmiendes tu camino y rescates lo que todavía estás a tiempo de rescatar? ¿Acaso no puedes recuperarte y volver a ser un buen padre, un buen esposo? Bueno, ¡yo no lo creo! Pero no importa lo que yo crea, porque tú eres el que lleva el miedo dentro de ti, temeroso de que todo el mundo vea quién eres de verdad. Tienes miedo a fracasar porque quieres alimentar una realidad perfecta, por lo que la gente vaya a pensar de ti. Bueno, ¡nada de eso es verdad! Pero no importa si te lo digo. No importa, porque tú eres quien debe resolver su propia vida. Tenlo presente, porque cuando todo el humo se ha despejado y todas las Lorenas se hayan marchado, te quedarás con tu realidad. Y no se puede vivir así, porque no hacer nada para recuperar tu vida te pesará hasta el final. Mira ahora. Lorena pensaba que podías hacerlo, yo también, pero debes hacerlo por las razones correctas. No por el sentimiento de culpa; por Lorena, por tus hijos, por tu esposa, o por el miedo... pero primero por ti. Sólo por ti.

—¿Y si fracaso y pierdo todo?

—Entonces perdiste. Te liberarás del miedo que te encadena y ganarás la libertad de vivir sin excusas. Y yo sé que no puedes vivir con eso.

◉ LA SEGUNDA TRANSFORMACIÓN:
DESPERTAR

Es momento de reconocer que mi belleza interna es la clave para mantener mi belleza externa. Hoy dejo de buscar y empiezo a cultivar.

Había sido necesario para Giovanni vivir una experiencia tan fuerte como la pérdida de su hermana para que se diera cuenta de que no estaba conforme con su vida, o quizás siempre lo supo pero no podía enfrentarlo. Como en la historia de los taladores en los bosques boreales de Canadá, Giovanni sabía que estaba talando en la dirección equivocada. ¿Por qué hacernos los ciegos cuando en realidad podemos ver? ¿Por qué pensamos que jugar al tuerto nos va a evitar muchos problemas? Basta que abramos los ojos, y veamos la realidad como es, pero muchas veces ese pretender no ver o andar como tuertos, es casi lo mismo que llevar una venda de forma permanente. De pronto lo anormal se transforma en lo normal, y aceptamos esa realidad enferma que se vuelve la nueva norma: empezamos a ver ídolos sociales, a compararnos y envidiar lo que aparentemente nos falta en un afán por seguir buscando, cuando basta con detenernos un momento para entender que primero hay que cultivarlo dentro de nosotros mismos.

A esta transformación le llamo DESPERTAR. La proactividad es poder, pero para convertirte en una persona proactiva necesitas iniciar el camino. Este paso te dará las primeras herramientas para que inicies una vida mejor, congruente y más elevada en todos y cada uno de los aspectos de tu vida.

Imagina que puedes vivir una vida donde la decisión es tuya; que puedas ejercitar el músculo de dejar ir, y aprender a ser un egoísta altruista, sin remordimientos ni culpas. Para ello necesitas comenzar a escuchar primero a tu persona, a tu ser, y después a los demás.

—Muchas veces antes lo intenté. Créeme que he leído libros de autoayuda, tomado mi buena cantidad de cursos, he tratado de hacer cosas nuevas y seguir distintas rutinas para sólo terminar en donde comencé, fracasando una y otra vez. Sí quiero cambiar pero no sé cómo. ¿Sabes cuántas veces he tirado la toalla? Cada vez que quería dejar de ver a mi amante, porque sé del daño que le causaba a mis hijos y a mi esposa; cuando volvía a caer en la tentación de comer o tomar lo que no hacía bien a mi salud, cuando dejé de tratar porque ¿para qué? Al final, a quién carajos le importa.

—A tu autoestima, mi amigo, a tu autoestima.

—¿Mi autoestima?

—En efecto. Es tu autoestima la que sufre cuando te llegas a cansar y simplemente la echas a perder. Y cuando eso ocurre como en un efecto dominó, todo empieza a derrumbarse. ¿Y sabes qué es lo peor?

—¿Qué?

—Cuando estás cansado, frustrado y desilusionado por haber tratado y fracasado tantas veces es cuando más vulnerable estás. A eso le llamo el *estado de vulnerabilidad involuntaria*: cuando cedes en quien eres y empiezas a escuchar las sugerencias y consejos de los demás, a los que prometen la solución y pretenden querer lo mejor para ti; sin embargo, ellos te van a ofrecer una y otra vez esa promesa de felicidad, de satisfacción inmediata, la solución exprés. ¿Recuerdas la anécdota de los monjes tibetanos?

—¿De qué me estás hablando?

—Un monje tibetano no se da cuenta de su propia transformación cuando se encuentra en su proceso. Nosotros asumimos que son más mentales, espirituales, sabios y felices, porque lo vemos en su rostro, por la forma en que se visten, por cómo se manifiestan en el exterior. Eso provoca que los tratemos diferente, que los veamos y les hablemos de otra manera, que les solicitemos consejo y que les extendamos nuestra confianza sin miramientos.

—¿Qué estás tratando de decirme con esto de los monjes?

—El despertar a un verdadero cambio interior; es un proceso lento y hasta aburrido, y por eso la gente tira la toalla y se cansa porque se frustra al no ver resultados inmediatos. Entonces dejan de creer y la que sufre es tu autoestima.

—¿Y eso qué quiere decir?

—Que es tu autoestima la que hace que quieras y aspires

a más en tu vida, que aceptes o rechaces, que te cuides o te abandones. Es ella la que te ayuda a decidir, o mejor dicho, la que provoca que elijas o dejes de elegir. Todo este proceso tiene como objetivo que rescates y cultives tu autoestima, ese aprecio o consideración que tienes por ti mismo.

Ése es el despertar.

Luego de unos minutos de silencio, noté cómo sus ojos se inundaban. Vi, como lo he visto en innumerables ocasiones, cómo ese hombre que se sentía y percibía fuerte, estaba a punto de quebrarse a la impotencia y el miedo que lo habían llevado a llamarme. Le alcancé una servilleta de papel y una pluma, y le dije:

—Toma, Giovanni, escribe aquí dónde sientes que estás; declara quién sientes que eres; cómo quieres que te recuerden y por qué. Trata de describir el tipo de persona en que te quisieras convertir. Procura componer una lista de lo que quieres que sea tu vida en diez puntos, pero sobre todo, permítete ser humano.

Entonces Giovanni lloró. Y comenzó a escribir. Destapó las cañerías por donde fluían sus emociones. Ésta fue su primera cita con su fragilidad. Éste era su momento de quiebre y me aseguré de que lo aprovechara al máximo.

Me sentí como el padre confesor; no tenía idea de que el hombre fuerte de la casa, el mayor de los hermanos de Lorena, estuviera pasando por semejante tormento. Había llegado el momento de Giovanni para enfrentar los dos caminos.

LOS DOS CAMINOS

Al escuchar a Giovanni, recordé cómo hace unos años yo pasé por mi punto de quiebre o, como también lo defino, *mi momento de la verdad.* Hasta ese instante me tocó decidir.

Montreal, Canadá, 2005

Mi encuentro con la encrucijada de los dos caminos se dio el día en que, producto de un dolor insoportable de cabeza, me trasladaron de emergencia al Jewish General Hospital de la ciudad de Montreal. Después de estar inconsciente durante dos días, cuando recobré el sentido me enteré de que había contraído meningitis. ¿Cómo o dónde la contraje? Todavía no lo sé con exactitud. Para quienes lo desconocen —como yo antes de que me tocara— la meningitis es la inflamación del tejido delgado que rodea el cerebro y la médula espinal, llamada meninge.

La verdad es que había escuchado experiencias de amigos o conocidos que perdieron seres cercanos; supe de gente que de pronto moría por accidentes o enfermedades, pero ése era el problema de otros. Nunca sabremos lo que es enfrentar a la muerte o perder a alguien querido hasta que nos pase a nosotros. En mi caso, lo entendí hasta que mi inesperada hospitalización me hizo consciente de que podía perder mi inmortalidad, y uso la palabra *inmortalidad*, porque hasta esa fecha, jamás pensé que me podría tocar a mí.

Como especialista en desarrollo humano y líder transformacional, siento que la gran mayoría de las personas nunca piensa en la muerte; o al menos no la tomamos en serio. Es como asumir que si caminamos sobre un campo minado nunca nos explotará una mina.

Cuando entendí esa fragilidad, característica de los seres humanos, que inconsciente o deliberadamente decidimos ignorar, noté que cuando nos toca vivirla, nos somete y nos enfrenta.

En ese momento, cuando te sientes en peligro de morir, cuando descubres tu fragilidad y tu vida depende de la habilidad de otros y de la suerte, piensas en lo tontos que llegamos a ser.

Es como la historia del joven monje que nunca disfrutó el camino hacia el pico de la montaña, porque nunca llegó. Fue un trayecto miserable y estresante, sobre todo porque debía recorrerlo al ritmo del anciano que lo acompañaba. Yo era como ese monje joven: atolondrado y estresado. Quería llegar, ver el cielo desde la cima de la montaña, sólo eso importaba. Cuando desperté en la cama del hospital y temí que ya no habría cima a la cual llegar, solté el llanto. Estaba asustado, sentí una impotencia que no puedo describir. Y en ese momento, al igual que Giovanni cuando confesó su realidad, yo también pensé que la vida era injusta. ¿Por qué a mí? Pero gracias a Dios, la visita al hospital no pasó de ser un susto, con el suficiente efecto para replantear de una u otra manera mi vida y obligarme a reconsiderar mis opciones para continuar el camino.

Cuando todo ocurrió, yo tenía apenas treinta y siete años y mis hijos —que hoy tienen quince y doce—, en aquel entonces, contaban apenas con cinco y dos. Eran mis enanos, el regalo que la vida me dio y no se me hacía justo simplemente despedirme. Me brotan las lágrimas cada vez que recuerdo lo cerca que estuve. La vida es así, todos los días diversas parejas se quedan sin pareja, hijos pequeños se quedan sin padres, padres se quedan sin hijos; todos los días se pierden amigos, colegas, gente que nos importa. La verdad es que yo no estaba listo para despedirme… ¿Y quién lo está?

Insisto: cuando entendemos la fragilidad del ser humano, el acto de vivir cobra más sentido.

Días antes de salir del hospital conocí a René; ella fue una persona muy especial, que de muchas formas me cambió la vida. Su historia, su anécdota, su momento, sirvieron para inspirarme y ver la señales. Su testimonio reeducó mi sentido de apreciación por esas, a veces mudas, señales que nos regala la vida. Cada vez que la recuerdo, siempre brota una sonrisa en mi rostro.

De esa manera, con experiencias prestadas y propias, decidí emprender el camino del bienestar integral. Con el tiempo y la experiencia estoy cada vez más convencido de que aquellos que eligen entrar a este camino, como se dice: "de pechito y agarrando al toro por los cuernos", lo hacen cuando se han visto en la encrucijada, porque ya pisaron una mina del campo minado o porque alguien sufrió una pérdida definitiva o parcial.

No digo que sea la única razón, y definitivamente no lo es, pero requiere conciencia y madurez. Requiere tomarse el tiempo para analizar la realidad de nuestras vidas y el sentido que le estamos dando, para animarse. Es un camino fascinante, es la respuesta a todos tus problemas, es la luz al final del túnel. Cuando descubres lo que eres capaz de hacer y entiendes el sentido de la vida, estás del otro lado.

Tras abandonar el nosocomio decidí enfrentar mis debilidades y mis retos de realidad, donde con frecuencia invito a salir a la conciencia que vive escondida en el clóset de mi subconsciente. Me atreví a descubrir y explorar mi mortalidad, a entender la ley de la naturaleza y apegarme a la ciencia.

Con el tiempo, me he dado cuenta de que mi experiencia en Montreal fue una oportunidad para adoptar un nuevo estilo de vida basado en un bienestar integral verdadero.

Esta encrucijada, sin importar la edad que tengas, llegará a tu vida; es probable que ya estés atravesando ese momento de decisión, de tener que hacer algo porque ya no queda de otra. Considera, amigo lector, que siempre tendrás opciones, mientras seas tú el que decida elegir.

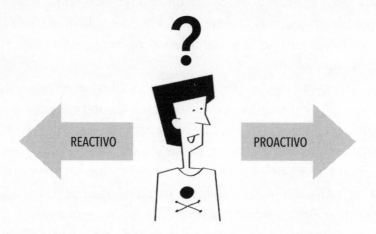

El camino reactivo

El *camino reactivo*, también conocido como el camino de la desgracia, se nos muestra cuando algo inimaginable e indeseable nos llega a ocurrir. Como el ejemplo del soldado que sufre una desgracia o un trauma por una explosión, o por ver cómo un compañero resulta gravemente herido al caer en el campo de batalla cerca de él. O el de la joven de quince años que le diagnostican diabetes juvenil por obesidad y le prohíben consumir azúcar.

Cito ambos ejemplos, porque es necesario darnos cuenta de lo poco *cool* que resulta que en la vida nos muestren la tarjeta amarilla, y nos adviertan que para la próxima será la roja para sacarnos del juego.

Lo peor de todo es que la mayoría de las veces, como en la historia de los taladores de árboles, la gente, con conocimiento de causa, sigue talando hacia el camino equivocado. Yo te pido que te contestes: ¿en qué momento de tu vida lo enfermo se volvió normal?

Recuerdo la primera y única vez que llevé a mis hijos a jugar *gotcha*. Todos sabemos que las guerras no son *cool*, que la gente muere y sufre, y que el costo en todo sentido es muy alto a pagar. Sin embargo, lo venden como algo entretenido y excitante. Claramente recuerdo cómo, ese día, me sentía empoderado, me encantaba la idea de jugarle al Rambo, estaba hecho un supercomando con el armamento y el camuflaje que me rentaron. Era parte del *show*, indiscutiblemente tenía que impresionar a los amigos de mis hijos. Estaba hecho todo un macho alfa, un verdadero líder de manada, sacando pechito para lucir. Con esto de ser padre juguetón, de pronto me encontré a cargo de doce niños. (Les confieso que me resulta más fácil manejar a una audiencia de mil personas que a un grupo de doce chamacos, en especial si mis hijos se encuentran entre ellos.)

Antes del *gotcha*, les hice entonar una arenga utilizando un párrafo de la canción *We are the Champions*, de Queen. Tenía a mi mando una suerte de Fuerza Delta y estábamos listos para enfrentar al que se nos pusiera en frente.

Formamos dos bandos y Zoe, la *Cosa*, contra su voluntad, se quedó como integrante de mi equipo. Antes de comenzar, le pedí que no se separara de mi lado, que yo la protegería. Creo que no pasaron ni cinco minutos de iniciado el juego cuando en plena sazón de la batalla, en un fuego cruzado, recibí el primer *gotchazo* en la entrepierna, tan fuerte y doloroso, que me derribó y me hizo gritar como gata en pleno parto. No recuerdo bien, o prefiero no recordar, pero creo que hasta llamaron a los paramédicos y terminé fuera del "campo de batalla", casi en camilla.

Ya fuera de combate, aprecié cómo los "enanos" se regocijaban por haber eliminado al único símbolo de autoridad. Luego me enteré de que desde el principio fui asignado como la presea más codiciada del juego. Días después me enteré que mi linda Zoe, traicioneramente, se "vendió" a las filas de su hermano para dejar a papá marcado con tan embarazosa experiencia. Por lo cual decidí ya no acercarme nunca a uno de esos campos de juego.

En el cine todo parece tan *cool* y divertido, ¿verdad? Si hoy me preguntaran si le entro al *gotcha*, ¿cuál crees que sería mi respuesta?

Lo tuve que vivir en carne propia, comprobando una vez más que lo aprendido en términos emocionales siempre superará lo adquirido racionalmente. Después de todo, como lo afirma la teoría del cerebro triúnico de Paul McLean, somos seres en esencia reptilianos, dominados por el instinto hacia la supervivencia, que es la que siempre termina por imponerse a la razón.

Esta anécdota me gusta, y aunque aún le duele a mi orgullo, la cito porque me permitió darme cuenta de que el *gotcha* no es para mí (por suerte sólo se trataba de un entretenimiento), pero, sobre todo, comprender que jugar con fuego te puede terminar quemando.

Desgraciadamente en la realidad ya no resulta tan difícil acabar en medio de una zona de tiro o en un campo de batalla. En la vida real nada es comparable con el efecto postraumático de haber estado expuesto a un fuego cruzado, en el que pierdes compañeros o hasta la vida misma.

Lo que pretendo ejemplificar con esta anécdota es que muchas veces compramos lo que pensamos que es, sin saber lo que en realidad será.

Aunque tal vez no sea lo más ideal, esta analogía la traslado hacia la gente que sufre obesidad, y que ha sido diagnosticada con diabetes o con cáncer. Pienso en las personas que ya son dependientes de placebos, fármacos y drogas. O en aquellos como Garrik que enfrentan una realidad que los mantiene vacíos por dentro, sin dirección, que de una u otra forma ya son víctimas de un fuego cruzado y aceptan que vivir con heridas es "lo normal", porque en algún momento de la vida se convirtió en su realidad.

Pienso en toda esa gente que poda su bosque en dirección opuesta, que ve cómo los daños colaterales son cada vez más cercanos y comunes. Yo te pregunto, ¿por qué esperar que caigan tus seres queridos, o tú mismo, para darte cuenta de que esta guerra ya no es un sueño? Es una batalla campal y es real, y lo peor de todo es que estamos en medio de ella, y de acuerdo a las estadísticas, la estamos perdiendo.

Es una batalla que sufrimos en nuestros hogares, en nuestras escuelas, en nuestras sociedades, con nuestros hijos, con nuestros colegas y con los que amamos. Es una guerra que poco a poco perdemos día a día en aparentes e insignificantes batallas, pero que nos consumen el gozo y nos arrebatan el ímpetu. ¿Ya no hay un horizonte, o es que nunca lo hubo? Será que compramos la idea de otros, la de aspirar a un mundo mejor, a un bienestar integral. Puedes decir que estoy chapado a la antigua, pero aún soy de los que cree —y está convencido— que todavía es posible darle significado y propósito a la vida. Que rescatar nuestra esencia es vital.

Hoy veo y contemplo esos aislados chispazos y movimientos de conciencia y salud, que heroicamente intentan rescatar la esencia de lo que somos y para lo que nacimos. A veces me observo como uno de esos épicos rebeldes de la saga *StarWars* que anhelan salvar a la República del Imperio, y me aventuro a jugarle al papel del caballero Jedi, que de una y mil formas siguen buscando *la fuerza* en todos y cada uno de nosotros.

Cuando opté por el camino del bienestar integral, deseando que *la fuerza me acompañara,* sabía que me enfrentaría a ese *lado oscuro,* a ese parásito habitual que convivía en mí y hoy gratamente puedo confesar que está totalmente erradicado del Eduardo que soy y quiero seguir siendo.

¿Por qué sólo cuando las malas noticias o las desgracias nos tocan y nos pegan de cerca o de frente, nos damos el tiempo primero para agradecer si es que en realidad nos fue bien, y segundo para llorar, porque, "gracias a Dios", no nos fue tan mal?

El camino reactivo o de la desgracia provoca cambios en nuestra sociedad, pero me temo que no es la solución ni la mejor alternativa, ya que nos agarra desprevenidos, en curva. Es poco probable también que nos brinde las herramientas para no recaer en la trampa de lo mismo, para escapar por voluntad propia del círculo vicioso, como lo manifestó Giovanni. Después de todo, somos hasta 60% seres de hábitos, y la desgracia no se toma la molestia de enseñarnos o guiarnos a cambiar lo bueno por lo malo. En el camino reactivo, si nos va bien, sólo tendremos un buen susto que provoque una reacción.

El *camino proactivo*

El *camino proactivo*, también conocido como el camino del trabajo en equipo, consiste en que para ser mejores seres humanos, debemos aceptar la responsabilidad de heredarles un
mundo mejor a nuestros hijos, mejor que el que recibimos de
nuestros padres.

Cuando trabajamos en grupo y nos comprometemos al
cambio, nuestra oportunidad de éxito se multiplica. El poder
del compromiso surte efecto. El camino proactivo nos estimula
a perder el miedo por aceptar quienes somos y a descubrir lo
que somos capaces de hacer. Es un camino donde acomodar-
nos a lo mediocre no será la excusa para detener el proceso de
transformación y cambio.

Cuando dejamos de temer al trabajo en equipo, y superamos lo que en apariencia es insuperable, cortamos las conexiones de estancamiento y rompemos el círculo vicioso de la trampa
de la felicidad.

El camino proactivo nos permite crecer explorando nuestras propias limitaciones y nuestras debilidades. Es una ruta de
aprendizaje y reconocimiento sin miedo, el cual ya no es más
el motor ni el punto de partida. Es el camino más sencillo para
alcanzar el bienestar de trescientos sesenta grados.

En este mundo no todos tenemos que ser héroes, no todos
tenemos que soñar con ser mujeres y hombres de éxito, eso es
pura propaganda. Cuando trabajas en grupo te das cuenta de
que basta con entender quién eres para iniciar el corte de las
conexiones de estancamiento que te detienen; en ese momento
empieza tu verdadero proceso.

Pero llegar a esta conclusión no es fácil. En lo personal, fue
un sendero largo, quizá tan largo como recorrer el camino de

Santiago. El día que entendí que lo que por muchos años me avergonzó y me martirizó resultó ser una de las bendiciones más grandes de mi vida, un momento de ¡eureka!

Ahora, si interpretamos la ciencia en su más esplendorosa sencillez, podríamos entender que la fuerza de voluntad no es el camino completo, es sólo el primer o segundo paso para los que buscamos y queremos un estilo de vida que requiere todo el apoyo, la fuerza y la humildad de nuestra parte. Aceptar que este cambio del que les hablo —sólo alcanzable a través de un trabajo en equipo— es resultado de un compromiso con nosotros mismos primero, y con los demás después.

Necesitamos darnos el tiempo y aprender a vivir con nuestro yo interior, a convivir con nuestro ego, sin que ello implique culpa y lastime nuestra autoestima. Es decir, reconocer y aceptar nuestro ego para encarrilarlo al altruismo, para que deje de generar culpa y nos mantenga en crecimiento constante.

Pregúntate:
- ¿Qué es lo que quieres heredar a tus hijos, a tu sociedad?
- ¿Cuál es tu verdadera contribución como ser humano, como líder, como padre, como pareja y como ejemplo de otros?

Por ello, cuando leo que la centenaria y audaz sabiduría de Krishnamurti propone que no es y nunca será un signo de buena salud que nos acostumbremos a vivir en una sociedad que está profundamente enferma, me atrevo a sugerir —con la convicción que me regala la experiencia de trabajar con miles de personas— que el último bastión que nos resguarda y asegura un futuro mejor, más saludable y prometedor, es la apuesta por la humildad de aceptar y reconocer que no sólo depende de nosotros, que necesitamos rendirnos a un bien mayor, a un bien común, a un trabajo en equipo que nos ayude y que ayude a otros a lograr el cambio, para que, como lo decía Stephen Covey: Cada victoria privada se convierta en una victoria pública.

Me atrevo entonces a proponer la adopción de la congruencia como un estilo de vida, como el principal camino del bienestar integral de trescientos sesenta grados.

YO PUEDO SOLO

Una y otra vez, Giovanni había caído en la trampa, en el círculo vicioso. Orgulloso, le había apostado a hacerlo él mismo. Sin embargo, todas las veces que intentó cambiar se encontró tropezando con la misma piedra. En la ciencia aplicada del bienestar integral a esa piedra se le conoce como autodisciplina o fuerza de voluntad.

La fuerza de voluntad es sólo el primer empujón que requieres para iniciar algo nuevo, pero no es el salvavidas que te mantendrá a flote a mediano y largo plazos. Es necesario entender que nuestros problemas no son una realidad aislada, no son una batalla privada. Y el día que aceptemos abrir la puerta y dejamos entrar la luz de la ciencia en nuestra vida, nos habremos dado cuenta por primera vez de que el cambio es un camino en el que mejor nos irá si lo transitamos animando a otros a tomarlo con nosotros.

Cuando yo me vi un día frente a una servilleta de papel y me puse a razonar sobre la lista, me enfrenté con muchas decisiones que debía tomar, muchas que me exponían a aceptar y a negar quién era, y a la misma esencia de lo que consideraba y aceptaba como el propósito de mi vida.

La verdad es que jugué y coqueteé con la idea de vivir en bienestar por muchos años; era una suerte de área gris donde yo mismo delineaba y borraba los límites; esa zona de confort en la que muchas veces permanecemos tras contarnos la realidad que nos queremos contar.

La ciencia hoy nos regala la oportunidad de romper esa cadena que nos atrapa de manera constante. En este proceso de evolución generacional nuestros hábitos se han convertido en nuestros peores grilletes. Nos topamos con la difícil tarea de romper una cadena ideológica y habitual donde la emoción debe ser nuestro mejor aliado, ya que conocer cómo funcionamos no es suficiente, necesitamos apoyarnos en un proceso y en un sistema para establecer esa conexión emocional que nos conduzca al cambio.

—Tú puedes —le decía su padre a Giovanni desde que este último era adolecente—. Tú eres capaz y no necesitas a nadie.

Pero ése no era un consejo aislado, a mí me lo decían mi padre, varios maestros, la publicidad en la calle y Hollywood. Ellos no sabían que el autocontrol o la autodisciplina la tenemos en cantidades limitadas, y que mientras más nos exponemos a una vida de retos y demandas, más hacemos uso de esa cantidad limitada que poco o nada nos queda para aplicarla en nuestra existencia. Muchas personas creen que sus vidas podrían mejorar si tuvieran más de esa cualidad esquiva conocida como *fuerza de voluntad.* Con una mayor fuerza de voluntad todos comeríamos de manera adecuada, haríamos ejercicio con regularidad, evitaríamos las drogas y el alcohol, ahorraríamos para la jubilación, no dejaríamos las cosas para más tarde y en general alcanzaríamos todo tipo de metas.

EL PARADIGMA DE LA FUERZA
DE VOLUNTAD Y EL AUTOCONTROL

En 2012, la Asociación Americana de Psicología (APA, por sus siglas en inglés)[1] realizó una encuesta en la cual pregunta, entre otros temas, sobre la capacidad de los participantes para llevar a cabo cambios saludables en su estilo de vida. El 27% de los encuestados respondió que la falta de voluntad era su principal motivo para no consumar esos cambios. La mayoría consideró que la fuerza de voluntad es algo que se puede aprender. Y es probable que estén en lo cierto. Estudios recientes sugieren que hay maneras en las que la fuerza de voluntad puede ser fortalecida con la práctica. No obstante, los expertos sostienen que mucho tiene que ver con el tiempo que se le dedique a determinada actividad. El tiempo es un factor que nos ayuda a reforzar o a desarrollar un nuevo hábito; sin embargo, no existen pruebas de que la fuerza de voluntad incremente si tenemos más tiempo.

Entonces, ¿cómo resistirnos cuando enfrentamos una tentación?

La fuerza de voluntad no es la única razón por la cual una persona deja de alcanzar sus metas. El profesor y psicólogo Roy Baumeister,[2] de la Universidad de Florida, define la fuerza de voluntad como la capacidad de resistir las tentaciones a corto plazo, para cumplir con las metas de largo plazo. Pero según él, otros factores como la motivación, el monitoreo y la práctica nos pueden ayudar a lograr un objetivo.

1. APA, American Psychology Association.
2. Roy Baumeister, *Willpower: Rediscovering the Greatest Human Strenght*. Penguin Books, 2012.

Entretanto, Ángela Duckworth y Martin Seligman, psicólogos de la Universidad de Pensilvania, llevaron a cabo diversos estudios sobre el autocontrol con un grupo de alumnos del octavo grado, durante el transcurso de un año escolar. Previamente, aplicaron un cuestionario a profesores, padres y alumnos, con el fin de medir la autodisciplina. Luego, ya como parte de la investigación, dieron a escoger a un grupo de estudiantes la opción de recibir un dólar en el momento o esperar una semana y recibir dos dólares. Los investigadores descubrieron que quienes habían obtenido un puntaje alto en autodisciplina, también consiguieron mejores calificaciones, mejor récord de asistencia y mejores puntajes en los exámenes estandarizados, con una mayor probabilidad de ser admitidos en programas de bachillerato competitivos.

Descubrieron, asimismo, que la autodisciplina es más importante que el coeficiente intelectual en anticipar el éxito académico.

Por su parte, el profesor June Tangney, de la Universidad George Mason, y un grupo de colegas, compararon la fuerza de voluntad de un grupo de estudiantes a los cuales se les pidió que completaran una serie de cuestionarios diseñados para medir su autocontrol. Del mismo modo, los científicos crearon una escala para calcular la intensidad de la fuerza de voluntad. Notaron que los puntajes de autocontrol iban de la mano con mayores promedios académicos, mayor autoestima, menos hábitos compulsivos al comer y al beber, y mejores habilidades para las relaciones interpersonales.

Los beneficios de la fuerza de voluntad parecen extenderse mucho más allá de los años universitarios. Terrie Moffitt, de la Universidad de Duke, y un grupo de colegas, estudiaron el autocontrol en un grupo de mil individuos, a los que se les dio seguimiento desde su nacimiento hasta los treinta y dos años de edad como parte de un estudio de salud a largo plazo en Dunedin, Nueva Zelanda. Junto con sus colegas, Moffitt descubrió que los individuos con mayor autocontrol durante su niñez (según lo reportado por profesores, padres y los mismos niños) llegaron a ser adultos más saludables física y mentalmente, con menos problemas de abuso de sustancias, menos condenas por actos criminales, y con mejores hábitos de ahorro y mayor seguridad financiera. Estos patrones se mantuvieron aun después de ajustar los resultados para que reflejaran el nivel socioeconómico de los participantes, sus vidas familiares y su inteligencia en general.

Resultados como los anteriores confirman la importancia de la fuerza de voluntad en casi todas las facetas de la vida.

El psicólogo Walter Mischel, de la Universidad de Columbia, desarrolló junto con sus colegas la teoría del sistema frío, la cual explica la capacidad de los seres humanos para postergar la satisfacción. Mischel planteó lo que denomina un sistema *frío y caliente* para explicar por qué la fuerza de voluntad triunfa o fracasa.

SISTEMA FRÍO   SISTEMA CALIENTE

El sistema frío es de naturaleza esencialmente cognitiva. Es un sistema de principio pensante, reflexivo, que incorpora conocimiento de sensaciones, sentimientos, acciones y metas; nos recuerda, por ejemplo, por qué no debemos ceder a las tentaciones.

El sistema caliente es impulsivo y emocional. La mayoría de los seres humanos son impulsivos y emocionales. Cuando respondes de manera rápida y automática a ciertos detonantes como, por ejemplo, comer dulce, tomar la copa extra, fumar, gritar, prender la televisión, etcétera, lo haces de forma espontánea, sin tomar en cuenta los resultados de mediano y largo plazos. Cuando la fuerza de voluntad falla, la exposición al estímulo caliente básicamente sobrepasa al sistema frío y lleva a la ejecución de acciones impulsivas. Y esa susceptibilidad a las respuestas emocionales puede influenciar nuestro comportamiento de por vida.

Los estudios científicos aún no logran explicar plenamente por qué hay personas más sensibles a los detonantes emocionales y las tentaciones, o si estos patrones pueden ser corregidos. Sin embargo, hallazgos recientes ofrecen un intrigante fundamento neurobiológico para tratar de explicar el ir y venir de la tentación.

UN MÚSCULO COMO CUALQUIER OTRO

—Le diste duro hoy a la espalda, ¿cómo te sientes?

—Bien, pa' —me contestó Lucca, mi hijo, que por un afán hormonal comenzó a ir al gimnasio para impresionar a las chavas del barrio.

—Hoy trabajé espalda y mañana haré lo mismo.

—¿Pero tu entrenador no te dijo que eso era contraproducente? Debes dejar descansar el músculo por lo menos un día. Cuando haces ejercicio ocurren básicamente dos cosas: primero, el corazón aumenta su frecuencia cardiaca para enviar más sangre al músculo y la presión se eleva porque las arterias requieren mayor cantidad de sangre. Segundo, al contraerse los músculos presionan a las arterias y esta tensión extra hace que se expulse agua, que se sitúa alrededor de los compartimentos musculares y es lo que da la sensación de hinchazón. Esa presión también hace que las venas se acerquen a la piel, por lo cual es normal que las notemos muy marcadas al realizar la rutina de pesas. Todo es debido a ese aumento de sangre en el sistema circulatorio y el aumento de tensión. No es que de repente tus músculos hayan crecido. Recién al segundo día el músculo empieza a regenerarse y es por eso que crece. Ésta es una de las principales razones por las cuales no debemos entrenar un mismo músculo todos los días; debemos dejarlo descansar de cuarenta y ocho a setenta y dos horas, para que pueda recuperarse y crecer; excepto los antebrazos, las pantorrillas y los abdominales.

—Pa', ¿y todo este rollo me lo estás echando por...?

—Porque no quiero que te impacientes y pierdas el enfoque. Me gusta que vengas conmigo al gimnasio, pero lo ideal es que busques con quién entrenar y que esté en tu categoría, que lleve una rutina contigo.

—¿Acaso crees que no puedo solo?

—Lucca, si creyera que no puedes solo, no te traería conmigo, pero lo que estoy diciendo es que tendrás mucho más chance de desarrollar la rutina y el hábito del ejercicio si lo comienzas a hacer con otro compañero que quiera entrenar como tú. El nivel de compromiso funciona mucho más a tu favor cuando emprendes un nuevo hábito en grupo.

—Pero, pa', mi profe de educación física me dijo que teníamos que echarle ganas y poner mucha fuerza de voluntad de nuestra parte.

—Qué bueno, pero tu profesor de educación física no sabe que el concepto de la fuerza de voluntad está sobrevendido, que es un paradigma que nos hace caer una y otra vez en intentos fallidos al buscar un cambio.

La teoría del *agotamiento de la fuerza de voluntad* explica por qué —según la ciencia—la autodisciplina de resistir las tentaciones una y otra vez afecta y debilita de manera paulatina nuestro poder de controlar lo que queremos y lo que deseamos, que sabemos que no podemos ni debemos.

Diariamente, y de diversas maneras, ejercemos la fuerza de voluntad. Resistimos la tentación de ver televisión, de comer dulces, de fumar un cigarro, de no comer frituras, de ir al gimnasio, de quedarnos callados y no decir lo que pensamos, de no chismear o criticar. Pero un número creciente de estudios indica que aguantar múltiples tentaciones tiene efecto en nuestras mentes. Algunos expertos comparan la fuerza de voluntad con un músculo que se puede fatigar si se le usa en exceso. Y a diferencia de los músculos del cuerpo, que después de ejercitarlos podemos aislarlos y permitir que se recuperen, el músculo de la fuerza de voluntad nunca dejamos de ejercitarlo.

Los experimentos y las pruebas para comprobar la resistencia del músculo de la fuerza de voluntad revelan una y otra vez el error que cometemos al sólo basarnos en dicha fuerza para intentar el cambio.

En una realidad como la actual, donde la competencia es cada día más voraz y las demandas más altas, los eventos agotadores son muy comunes. Si alguna vez has usado tu fuerza de voluntad para ser cortés con alguien que te molesta, te habrás percatado del autocontrol que tuviste que ejercer. Las investigaciones demuestran que interactuar y relacionarse con otros puede agotar la fuerza de voluntad. En algunas dinámicas que hemos diseñado para demostrar este efecto, se le pide a un individuo que finja ser amable frente a una audiencia que está instruida para mostrarse hostil y ruda; y a otro individuo se le aconseja ser natural frente a la misma audiencia. La tarea consiste en convencer al público de ser amable y agradable. Al final, este último sujeto presentó menor agotamiento de su fuerza de voluntad, contrario a quien se le indicó simular amabilidad.

Investigaciones recientes han encontrado un número de posibles mecanismos vinculados con el agotamiento de la fuerza de voluntad, incluyendo algunos de tipo biológico. En la Universidad de Toronto, un grupo de científicos descubrió que las personas que agotan con mayor intensidad su fuerza de voluntad por tareas de autocontrol, trabajan menos con el neo córtex. Es decir, ejercen menos su capacidad de inteligencia emocional. Esto es un descubrimiento muy trascendente pues revela que el abuso de la autodisciplina puede tener un impacto considerable en el desempeño de la gente.

Otras pruebas sugieren que los individuos cuya fuerza de voluntad está agotada pueden estar bajos de energía y muestran un desbalance hormonal que origina efectos negativos en la salud. El cerebro, que pesa menos del 2% de la masa corporal, es un órgano que consume hasta 30% de las calorías que ingerimos por día, lo cual significa que funciona con un suministro constante de glucosa (azúcar en la sangre). Algunos investigadores sugieren que las células cerebrales que están trabajando arduamente para mantener el autocontrol consumen glucosa más rápido que lo que la pueden remplazar.

Cuando vivimos en un estado de bienestar integral y nos desempeñamos en tareas que nos recompensan porque nos gusta hacerlas, cuando llevamos relaciones saludables, el agotamiento de la fuerza de voluntad se puede mantener bajo control por medio de creencias, prácticas y actitudes. Cuando tienes claridad y logras cortar el círculo vicioso, estarás potencialmente mejor que aquellas personas que siguen atrapadas en busca de felicidad.

Así lo comprueban las investigaciones del profesor Mark Muraven,[3] de la Universidad de Albany, quien encontró que las personas que se sentían obligadas a ejercer el autocontrol para complacer a otros estaban más agotadas que las personas motivadas por sus propias metas y deseos internos. Cuando se trata de la fuerza de voluntad, quienes permanecen en armonía consigo mismos están mejor que los que buscan complacer a los demás.

Para concluir, al momento de buscar un cambio, de adquirir un nuevo hábito, debemos estar conscientes de que lo más probable es que nuestra fuerza de voluntad nos ayude a despegar pero, en el mundo donde el estrés es epidémico y el tiempo es cada vez más escaso, dicha fuerza no sea suficiente durante

3. Mark Muraven. *Journal of Experimental Social Psychology*, University of Albany, 2007.

los veintiún, treinta, sesenta o noventa días que nos tome convertir un nuevo hábito en parte integral de nuestro sistema límbico. Necesitamos considerar que el trabajo en equipo, el camino proactivo, tal vez sea la mejor opción para muchos, como lo fue para mí, y lo está siendo para quienes me siguen y están transformando sus vidas con la ciencia aplicada del bienestar integral.

—La idea, mi querido Lucca, es que consideres que, trabajando en equipo, te será más fácil adaptar un hábito nuevo, sobre todo un hábito tan importante como el ejercicio, que es salud. Ésta es una base que necesitas solidificar si no quieres, como muchos, convertirte en un *zombi urbano*.

—¿*Zombi urbano*? ¿Qué es eso?

EL ATAQUE DE LOS ZOMBIS...

—*Goddo*, ¿por qué no me cuentas una historia antes de dormir? Hace tiempo que ya no me consientes —me dijo Zoe después de la cena, minutos antes de acostarse.

—¿Qué cuento quisieras que te relate esta vez, *Cosa*?

—Uno de suspenso y terror. Me gusta el de la saga de la razón y la no razón. Sé que piensas que me puede dar miedo escucharlo, porque es muy macabro, pero siento ganas de un poco de miedo esta noche.

—Está bien, como tú quieras; vamos a tu cama y te contaré la historia de terror que estás pidiendo.

Y comencé el relato:

Era el día siguiente al cuarto jueves del mes de noviembre. Todos en la ciudad esperaban la estampida programada para iniciar a la media noche del viernes. Conocido como el *Black*

Friday o *Viernes Negro*, se trataba del llamado a los infectados por el *virus del no hay tiempo* que tenían en esa particular ocasión la oportunidad de usar las sobresaturadas tarjetas de crédito, pulverizar sus reducidas quincenas, y hacer uso y abuso de los créditos y adelantos que las varias empresas financieras y locales comerciales alimentaban cada vez que podían. *El virus de no hay tiempo* presentaba ya matices epidémicos y se había esparcido rápidamente por las diversas ciudades más desarrolladas del planeta. Era la tendencia mundial. Comenzó apenas hace algunas décadas, fue una erupción llamada "estrés" la que esparció la epidemia. Fueron muy pocos los que lograron resistir la tentación…

El virus había sido fina y pacientemente introducido en los diferentes estratos sociales, al punto que casi 95% de la población ya se encontraba contaminada. Existían intereses de por medio que alimentaban la infección, situación que devastaba hogares y familias, destruía estructuras sociales y cambiaban patrones de consumo; remplazaban sutilmente lo tradicional y auténtico por las nuevas tendencias comerciales dictadas por la moda y la publicidad. Los infectados por el virus dejaban de interpretar su realidad interna y, en lugar de seguir en contacto con sus raíces y sus emociones, estaban más al pendiente de lo que ocurría fuera de su radio que dentro de sus propios organismos.

Uno de los síntomas del *virus del no hay tiempo* era la promoción descarada del remplazo de emociones y autenticidad por alcanzar metas materiales y la convivencia con un enorme grado de superficialidad. Los medios eran los campeones que se encargaban de convertir las buenas en malas y fomentar el amarillismo como único estímulo a la sobrevivencia orientada al consumo exagerado de productos y servicios.

Como en la saga de *Star Wars*, y la mayoría de las sagas, los pocos sobrevivientes que quedaron inmunes al virus formaron una resistencia que se hacía llamar *los neuroconsumidores*.

Estos bravíos gladiadores eran considerablemente menor en número, pero contaban con un contundente y sólido propósito. La razón estaba con ellos.

La misión esa noche consistía en presentar un argumento sólido frente a un auditorio con miles de nuevos potenciales neuroconsumidores. Eran un comando de cuatro especialistas del bienestar; portaban el sable de la salud y el bienestar integral. Era la oportunidad de sentar un precedente y una base sólida sobre el lado de la razón. En las ciudades donde se hallaban, todos actuarían al mismo tiempo, unidos por la fuerza de la razón y el internet; contaban con que su mensaje y su propósito tendrían poder de impacto.

Sabían que muchos infectados necesitaban encontrar la luz de la razón, que sus vidas habían llegado a un límite y ya no podían seguir. Las bajas se contaban por millones. Los efectos laterales del virus estaban dejando multitudes de obesos, cancerígenos, estresados, deprimidos y demás. El mensaje de esa noche era el último bastión, la última esperanza para cobrar fuerza y darle a la resistencia de los *neuroconsumidores* el poder para regresar al juego y nivelar la balanza.

Pero el poder del lado oscuro de la razón era muy fuerte. No en vano sus resultados mostraban devastadoras cifras. La Organización de los Países Aliados contaba con que los especialistas le devolvieran el aliento de esperanza a la humanidad que se hallaba profundamente enferma. De fracasar en su intento, todos sabían que no sería fácil encontrar una segunda oportunidad.

De unas décadas a la fecha, los lores del consumo venían invirtiendo millonarias cantidades para esparcir el virus y no mostraban señales de querer disminuir sus intenciones por acrecentar su presencia en los mercados. Lo que inició como un experimento en los países en desarrollo, poco a poco fue cruzando las fronteras. Los portadores se presentaban con buenas intenciones: traer fuentes de empleo, crear industria, incrementar la economía, fomentar el desarrollo y promover el crecimiento. La corrupción hizo su papel. El interés de pocos y el juego político eventualmente se lograron imponer.

El lado oscuro contaba con la ventaja de tener acceso a las nuevas herramientas de infección como el *priming* y el *neuro-marketig*, que vinieron a renovar el arsenal del cada vez más poderoso lado oscuro de la razón. El virus se había apoderado de la mente de los consumidores, transformándolos en *zombis urbanos*. Los síntomas eran muy característicos: empezaban por apoderarse de la conciencia, promovían la reducción del tiempo libre, incrementaban la competencia, reducían salarios y fomentaban la definición de ideales como el éxito y la felicidad a través de la obtención de metas materiales y superfluas. La creación y diseño del fomento de nuevos deseos y de la idea de un futuro mejor, eran sus banderas.

La gente citada al acontecimiento de esa noche había llegado al tope de la desesperación. Los líderes de la resistencia y todos los neuroconsumidores que la conformaban estaban conscientes de que ésta era una única oportunidad para despertar la chispa de la curiosidad en la masa con el fin de llevarlos al lado de la razón. Sabían lo necesario que resultaba conocer las nuevas reglas del juego para identificar quién era el enemigo y para tener presente las devastadoras consecuencias de vivir bajo la influencia del "virus de no hay tiempo", en un estado perpetuo de zombi urbano.

La estadística dejó de inclinar la balanza a favor de los neuroconsumidores, pero a pesar de ser numéricamente superados, la resistencia contaba con la saturación de una masa crítica, que poco a poco, por efectos reactivos o proactivos, tomaba conciencia de la gravedad y empezaba a buscar un despertar a la razón. El virus del no hay tiempo estaba cambiando patrones, culturas, tradiciones; infectaba generaciones completas. El objetivo era claro. La rentabilidad a cualquier costo. El estilo de vida saludable, en bienestar, pasó a ser un privilegio de pocos, un lujo cada vez más utópico para la gran mayoría.

El mundo vivía la década del consumo y del consumidor, dominada por los zombis urbanos.

—*Goddo*, de verdad que esta historia me pone la carne de gallina. Pero ¿qué son los zombis urbanos? ¿Es verdad que existen? ¿Que están viviendo entre nosotros?

—La leyenda cuenta, mi querida *Cosa*, que los zombis urbanos ya están entre nosotros; es probable que tú y yo conozcamos a varios. Déjame explicarte los conceptos.

Definición de zombi[4]

Un *zombi* es la representación de un cadáver que de una u otra manera puede resucitar o volver a la vida. Muchas de las diferentes relaciones que se muestran con uno de ellos es una figura legendaria propia del culto vudú. Se trata de un muerto *resucitado* por medios mágicos por un hechicero *para convertirlo en su esclavo*. De acuerdo con la creencia, sería capaz, mediante un ritual, de resucitar a un muerto, que quedaría *sometido en adelante a la voluntad de la persona que le devuelve a*

---

4. Obtenida de Wikipedia, enciclopedia en línea.

la vida. También, según una creencia popular, se dice que una persona que es mordida por un zombi, se convierte en zombi. De la misma forma, se habla de *individuos que no mueren, sino que son inducidos a una muerte aparente* (un letargo) a través del envenenamiento y posteriormente son enterrados vivos y sacados de sus tumbas.

Zombi urbano

Un *zombi urbano* es la representación de una persona, sujeto o individuo, que actúa en automático, gobernado por creencias que no son suyas pero que identifica como propias. El zombi urbano está infectado por el virus no hay tiempo. Vive en el lado oscuro de la razón, y es inducido en un aparente letargo de voluntad, decisión o identidad propia. El zombi urbano desconoce quién es, qué es o cuál es su razón de vivir. No tiene idea ni se ocupa de saber o conocer cuál es su propósito.

Vive en un estado de salud mental o física en un modelo enfermo de bienestar. Es una persona que acepta la realidad que le tocó vivir y ya no se preocupa por cambiarla. Su nivel de autoestima es bajo, y aunque lo sabe, no lo quiere reconocer. El zombi urbano tiende a trabajar en lo que no le gusta o le apasiona, comprar cosas que no necesita y procura impresionar a gente a la que no que le interesa. Es un individuo que siempre que le preguntas "¿cómo estás?", va a responder: "BIEN". En su estado sólo responde así para salir del paso y cumplir con la norma social. Estará siempre al pendiente de comprar lo que le proponen otros.

El zombi urbano no cuestiona, sabe que no está bien o que algo anda mal, pero se resiste al cambio o simplemente ya no lo intenta porque piensa que tiene tiempo, o justifica su estado inconforme o conformista por la misma falta de tiempo.

Le da pereza intentar cosas nuevas. Es de los que cuestiona o estorba a la gente que intenta cosas nuevas. Puede llegar a desear y aspirar, pero su experiencia pasada lo limita ya que mantiene una fuerte conexión emocional con el pasado. Tiende a catalogarse de realista y en ocasiones hasta de optimista.

El zombi urbano también se presenta en el mundo corporativo, donde no cuestiona, sólo sigue. La mayoría de sus iniciativas son para entorpecer o bloquear el avance de otros. Su mayor aportación tiende a ser su presencia física en el trabajo, y alimenta la cultura de acumular horas en un sistema que paga por mes y no por hora. Es el portador del virus que se conoce como el *absentismo*[5] y el *presentismo*[6] laboral.

Para el zombi urbano, el trabajo se convierte en un refugio, una prisión o una rutina. De acuerdo con la estadística, el trabajo para el zombi urbano representa la pérdida de su libertad. Es envidioso al cuidar su puesto y está siempre pendiente de no perderlo a la competencia interna.

Los zombis urbanos se están multiplicando cada vez más y el virus se esparce con una rapidez epidémica. Los encuentras constantemente esperando el fin de semana para salir a celebrar,

5. El *absentismo laboral* es toda aquella ausencia o abandono del puesto de trabajo y de los deberes ajenos al mismo, incumpliendo las condiciones establecidas en el contrato de trabajo.
6. El *presentismo laboral* ocurre cuando las personas se presentan a su empleo estando enfermas. Piensa en las ocasiones en que has ido a trabajar teniendo gripa y te has quedado mirando tu pantalla por horas en piloto automático, sin el desempeño que tendrías estando sano.

ir de compras, salir de vacaciones o escapar. Evitan pensar por ellos mismos; por el contrario, fomentan la dirección de los medios, alimentan las tendencias y se someten a las modas sin ningún cuestionamiento. Ellos evitan pensar y tienden a hacer lo menos que quieren hacer ya que es más fácil contar con alguien que les diga qué y cómo hacer. Están constantemente consumiendo estimulantes, drogas, antidepresivos, y tienden a mantenerse deprimidos, paralizados y dependientes.

Consumidor

En economía, un consumidor es una persona u organización que demanda bienes o servicios a cambio de dinero, proporcionados por el productor o el proveedor de bienes o servicios. Es decir, es un agente económico con una serie de necesidades.

También se define como aquel que consume o compra productos para el consumo. Es por tanto el actor final de diversas transacciones productivas.

En el ámbito de los negocios o la administración, cuando se habla de consumidor en realidad se hace referencia a la persona como consumidor. El consumidor es la persona u organización a la que el *marketing* dirige sus acciones para orientar e incitar a la compra, estudiando el proceso de toma de decisiones del comprador.

Neuroconsumidor

Dícese del consumidor educado, conocedor y practicante de la ciencia aplicada del bienestar integral. Es el consumidor que está al tanto de los avances de la ciencia y de cómo aplicaciones como el *neuromarketing* impactan en la forma en que las empresas intentan manipular nuestro poder de elección y decisión al momento de comprar y de pensar. El neuroconsumidor es un celoso guardián de su propio derecho de elegir. Está consciente de su entorno y se caracteriza por tomar decisiones de compra basadas en sus propias necesidades y preferencias. Es un consumidor que expresa sus emociones y sus miedos, y que procura no dejarse influenciar por la masa. Es una persona que conoce y respeta su estructura fisiología y su caja de creencias.

El concepto del neuroconsumidor es producto de la imperante necesidad de responder de manera dinámica y funcional con base en la ciencia a la presión externa y mediática (cincuenta millones de anuncios), con el fin de equilibrar el juego y darle al consumidor el conocimiento básico de las *nuevas reglas* con el fin de apoyarlo, ayudarlo a desarrollar una estrategia que funcione para él o ella como parte de su proceso para vivir una vida en bienestar integral.

—Pero, *Goddo*, estás describiendo a los Goldsmith y los Cohen como zombis urbanos.

—No señalemos a nadie todavía, *Cosa*, pero de ser cierto lo que me dices, si de verdad conoces a alguien que cumpla con una o más de estas características, toma nota y ten cuidado, y aléjate de él.

Con el tiempo, debatiendo con otros y conmigo sobre el tema de adoptar el bienestar integral como un estilo de vida, y lo que ello conlleva y representa, muchas veces resulta incómodo hablar sobre el tema con otros, sobre todo cuando sale en una plática casual. Es un tema que, a pesar de su importancia, se sigue tomando muy a la ligera. La gente ignora la estadística que hoy nos pega en la mejilla una y otra vez.

Y es que estamos viviendo una época curiosa, donde los medios y la información que nos llegan con mayor frecuencia, los impactos visuales y auditivos que recibimos —esos cincuenta millones de anuncios que mientras estamos vivos nos asestan, según Martin Lindstrom[7]—, obedecen a intereses creados por grandes grupos que se valen de la misma ciencia porque tienen acceso y pueden pagarla, y cuentan con todas las herramientas de vanguardia para estructurar estrategias capaces de perforar la coraza consciente más gruesa y la fuerza de voluntad más decidida.

Si es que el viejo refrán que reza que "el que pega primero pega dos veces" tiene algo de razón, entonces ya nos madrugaron, y para cuando nos demos cuenta del golpe, es muy probable que estemos tirados sobre la lona, con el problema encima.

Para los que conocemos y entendemos las reglas del juego, y sabemos con claridad cuál es nuestro propósito y nuestra preferencia natural, resulta un interesante experimento —y en lo personal una extenuante batalla de todos los días— orientar y clarificar primero a los míos y luego a todos los que me siguen y se dejan, para ayudarlos a mantener la claridad de nuestro propósito como seres humanos, entendiendo nuestra razón de ser. Resulta que hoy en día, darte el tiempo para pensar y cuestionar tu vida o tu dirección es un lujo que cada vez menos gente se puede permitir.

Mucha gente con la que platico contempla ese momento para cuando toma vacaciones una o dos veces por año, pero muchas veces esas mismas personas regresan más cansadas que

---

7. Martin Lindstrom, *Biology: The Truth and Lies About Why We Buy*. Crown Business, 2008.

cuando se fueron de viaje, porque lo que menos tienen es tiempo libre para pensar y recapacitar sobre su vida, ya que una linda vista al horizonte oceánico o un piscina con agua templada no serán suficientes para que completes tu proceso de pensamiento. Además, quién dijo que sólo durante las vacaciones reflexionamos sobre la vida, si la vida es todos los días. Por eso la frase: "Sólo se muere una vez, pero se vive todos los días".

Es muy romántico y muy de estilo hollywoodense esperar a estar lejos para tomar unos minutos, horas o días para pensar en tu vida y recapacitar dónde estás, a dónde vas y qué es lo que quieres. Ése debería ser un ritual sagrado cotidiano, donde te des un tiempo para ti. Ya necesitamos con urgencia entender que las decisiones que hoy tomas afectarán tu vida en un corto, mediano y largo plazos. Piensa en cómo estás formando los surcos de tu destino con cada decisión que tomas. Porque si quieres buenos resultados, eso es simplemente el producto de buenas decisiones. Considera todo el tiempo que tienes por delante.

Según Gilbert, la gente tiene una conexión emocional más profunda con su pasado que con su futuro. Las experiencias están relacionadas con emociones, porque cada experiencia que recordamos nos marcó de alguna manera. En el párrafo anterior hablé de surcos. Bueno, pues estas experiencias son los *surcos* que hoy tiene tu mente. Esas conexiones neuronales que hoy definen lo que interpretas por futuro.

Por eso, para una persona de clase media promedio le es más fácil aspirar a una clase más elevada. Por eso, a una persona de clase pobre le es más fácil seguir pobre. Mucho está en la conexión que desarrollamos con la realidad que aceptamos. En la India por ejemplo, la cultura funciona al aceptar la clase social en la que nace la gente. Si nacen pobres, ellos aceptan que lo serán por el resto de su vida.

Quiero con esto enfatizar la importancia de las experiencias y las emociones, porque si quieres que tu vida sea de transformación, que te mantenga pleno y en bienestar, debes empezar a convivir con tus emociones sin pretender manipularlas.

Las emociones, te gusten o no, son parte de nuestra naturaleza, son un don y un privilegio, y sentirlas es algo que debemos cultivar. En mi modesta opinión, el éxito de la convivencia con tus emociones no reside en querer controlarlas, sino en aprender a convivir con ellas, en encontrar la sabiduría para interpretarlas, porque todas y cada una de ellas nos dicen algo. Quiero pensar que son el lenguaje de nuestro cerebro que actúa para mantenernos vivos, y una manera de enviarnos señales. Si vives con emociones constantes que te hacen sentir mal, es una clara señal que necesitas regresar a la raíz del problema y cambiar tu estilo de vida.

Qué maravilloso sería si todos pudiéramos cambiar las emociones y lograr de forma natural esa felicidad exprés que nos venden afuera; pero eso no es cierto. Es importante que sepas que sentirte bien y estar bien son dos cosas muy diferentes, y espero que este libro te dé argumentos y bases para explorar esa propuesta.

Tú puedes estar en un funeral, sufriendo la pérdida de un ser querido, y de pronto reír por algo que dicen o hacen, por una memoria o por la sonrisa de alguien, y en el momento más trágico de tu vida vas a poder sentirte bien al responder tus neuronas espejo al *input* externo. El sentimiento puede ser inducido, provocado de forma natural o artificial.

El *estar* es mucho más complejo, es el resultado de un trabajo, de una actitud, de un estilo de vida. Porque para *estar* hay que *trabajar*. Entonces, si *estoy* enfermo es porque mi estilo de vida me llevó a *estar* enfermo. Mientras que si mi estilo de vida es saludable, lo más probable es que esté saludable.

Mucha gente con la que he trabajado encuentra que las emociones son todo un obstáculo con el cual no sabe lidiar. Considero que gran parte del problema reside en la cultura por manipular la promoción de resultados inmediatos y eso no es natural. Yo no puedo pretender —como el personaje del poema, Garrik— reír cuando mi vida es un sufrimiento constante; no puedo pretender cambiar mi vida de la noche a la mañana.

Como lo vimos anteriormente con la conexión de estancamiento feliz, la gente cuando acepta, deja de estar ciega a tanta sobreoferta; es cuando comienza a valorar lo que tiene, a sentirse más conforme con su vida. Y no confundamos estas palabras con el concepto de conformismo, porque puedes ser muchas cosas, pero conformista jamás. Lo que propongo es que busquemos reacomodar nuestro punto de partida, porque si te sientes afortunado con lo que tienes, entonces posees otra plataforma completamente diferente y por ende otro punto de partida, que es la clave para cortar con el círculo vicioso y salir de la trampa de la felicidad.

"No dejes que te la sigan vendiendo", decía mi padre. Ahora, después de tanto años, entiendo.

◉ LA TERCERA TRANSFORMACIÓN:
DEFINICIÓN PROPIA

El juego se gana en equipo. No voy a confundir el propósito del juego. Sé que somos muchos los que vamos en la misma dirección y, sumando mi experiencia a la de otros, podré hacer que mi viaje sea placentero y fácil de llevar.

Hoy pierdo el miedo y me animo a declarar: "Éste soy yo".

—Giovanni, léeme tu lista —le pedí.

—No sé, no tiene sentido.

—¿Por qué?

—Porque todo lo que escribí son cosas que tengo. Ni siquiera sé por qué sigo buscando.

—Eres como el hombre de campo que se olvidó de cultivar. Qué bueno que te des cuenta de que tienes todo. Si de verdad ya tienes todo, entonces ¿por qué sigues buscando?—le pregunté.

—No lo sé —respondió.

Una y otra vez, Giovanni ha caído en el círculo vicioso. Todas las veces que intentó cambiar tropezó con la misma piedra. En la ciencia aplicada del bienestar integral a esa piedra le llamamos *el poder de autocontrol*.

—¿Qué fue lo que escribiste?

—¿Quieres que te lo lea?

—Por supuesto. Lo que vas a hacer es manifestar quién eres y qué quieres ser. Cómo vas a vivir tu vida de ahora en adelante.

—Pero es mi vida y a nadie le importa.

—Importa porque es tu vida. Tú quieres tener testigos y compañeros que te acompañen en el camino. Si es tu vida, deseas que otros te ayuden a darte cuenta de cómo eres y cómo estás progresando, de tu transformación. Recuerda que un verdadero líder es aquel que contribuye al bienestar de otros y viceversa. Ése es el significado del compromiso con los demás; es la base del verdadero liderazgo, lo que hoy se conoce como el liderazgo científico. Hoy inicias tu despertar y este camino continuará el resto de tu vida, porque recuerda: sólo se muere una vez, pero se vive todos los días. En este andar, mi querido Giovanni, no hay final feliz. La vida se camina y se cultiva.

—¿Entonces qué hago?

—Tienes que compartirlo con las personas que elijas. Con aquellas que te retroalimentarán para que dejes de hacerte el tonto y puedas estar siempre alerta de quién eres y qué tanto respetas o cumples lo que hoy empiezas a declarar que quieres ser. Esta transformación te mantendrá en curso con la esencia de tu carácter y en crecimiento. Cuando escalamos la cuesta, y miramos hacia atrás, tenemos opciones: sigo para adelante con miedo a resbalar o caer, porque mientras más alto más duele la caída, o me quedo esperando a que alguien me rescate. Pero la verdad, mi querido Giovanni, es que nadie va a hacerlo por ti. Los testigos de tu manifiesto van a apoyarte, te motivarán y alentarán a seguir, pero en el fondo es tu grado de compromiso con ellos y contigo mismo lo que va a provocar que sigas adelante.

Giovanni comenzó a reaccionar. Estaba a punto de abandonar su zona de confort, cuando sus alarmas se dispararon y su yo interno le empezó a decir: "Espera, no seas vulnerable. Quédate donde estás. Sabes que duele, pero es un dolor al que ya estás acostumbrado". Entonces sintió miedo, no quería mostrar sus colores verdaderos. Su cuerpo se puso en estado de alerta, el corazón le latió más rápido, sus músculos se tensaron, empezó a respirar más deprisa, su sangre comenzó a fluir a mayor velocidad, y sus pupilas se dilataron. Reconocer su vulnerabilidad era descubrirse y sentirse amenazado.

La doctora Brené Brown, reconocida investigadora de la Universidad de Houston, ha dedicado las últimas dos décadas de su vida profesional a la investigación de la liberación de la vergüenza a través de la exploración de la vulnerabilidad del individuo. Ella propone realizar un manifiesto como la herramienta más poderosa para expresar nuestra vulnerabilidad, y eso era precisamente lo que le estaba pidiendo a Giovanni. Ese manuscrito espontáneo, pero lleno de emoción y pasión, era el principio de su liberación y de su definición propia. En ese instante él se estaba comprometiendo conmigo a aprender esas reglas del juego.

Cuando por fin se animó a leer lo que había plasmado en esa servilleta, tenía tanta fuerza, tanto sentimiento, tanta autenticidad que me conmovió. El hombre clamaba por esa segunda oportunidad que hoy la vida le regalaba. Se daba cuenta de lo que tenía y de lo que había puesto en juego. Él, como muchos otros, había estado jugando con esferas de goma, como si fueran de cristal, y estaba consciente que había tenido suerte.

Lo miré a los ojos y supe que estaba dispuesto a continuar en su camino de transformación. Empezamos a llorar y fue hermoso sentir que es posible compartir emociones y entendernos.

—¿Sabes qué es lo que estás haciendo, Giovanni?

—No, pero me siento mejor.

—Estás fluyendo mi amigo. Lo que acabas de hacer es el primer borrador de tu manifiesto personal. Ahora todos los que tú quieras sabrán quién eres y qué quieres. Con este documento podrás estar seguro de que este camino ya no lo tienes que hacer solo. Al menos estaré yo y otros como yo que deseen lo mejor para ti, como testigos que el Giovanni que hoy nace, se mantendrá en su sendero hacia el bienestar integral.

Dos días después, Giovanni llamó a la puerta de mi casa, y con una sonrisa de oreja a oreja y un fuerte abrazo me entregó un documento que decía:

Yo, Giovanni, soy un ser humano sensible y práctico que gusta de la vida, disciplinado en todos sus aspectos, coherente, que hace sus actividades con entrega y pasión.

Mi error más grande ha sido no saber aceptar mi miedo y hoy quiero ser libre. Quiero tener una vida más plena; estoy trabajando en ello ¡¡¡y lo voy a lograr!!!

Amo a mi familia, a mi esposa, a mis hijos, a mis padres, a mis hermanos. Me duele mi pasado familiar, me cuesta trabajo olvidar los acontecimientos familiares que me marcaron en mi niñez y lucho día con día por superarlos, sobre todo en la relación con mi padre.

A mis hijos les quiero decir que siempre he tratado de educarlos desde el Amor, de inculcarles el espíritu de lucha para que enfrenten las dificultades cotidianas de la mejor manera en un mundo cada vez más cambiante y exigente con todas sus tendencias y cambios tecnológicos.

A mi amada esposa, quiero decirle que la amo. Le doy gracias por ser siempre el soporte en casa cuando yo no me he encontrado allí; gracias también por comprenderme, escucharme y atender siempre mis dolores y defectos con ternura y amor.

A todos: gracias por ser parte importante en mi vida.

◉ LA CUARTA TRANSFORMACIÓN: ·····················
LA LIBERACIÓN

Tengo cinco sentidos que me hablan en cinco idiomas distintos. Pero sólo cuento con un intérprete que se encarga de traducir todo en un idioma que necesito entender. Ese traductor se llama Cerebro y esa traducción se llama Emociones. Me resta entonces permitir que fluyan para poder entender.

Giovanni necesitaba entender dónde se había estancado y desconocía por completo cuál era su círculo vicioso. Él, que siempre era el fuerte, el que no podía mostrar emociones, el que tenía que ser el mejor, tenía miedo de ser visto de otra manera. No sabía qué pasaría si de pronto cambiaba. Yo le llamo a esto el *mundo de fantasía*.

Este mundo de fantasía es en el que la gente tiende a ponerse máscaras para disfrazar los dragones y las brujas que la circundan; es un mundo donde el personaje principal se la pasa huyendo del peligro, porque se imagina que es tan grande el mal o el hechizo es tan poderoso que piensa que no hay chance de salir victorioso porque no se sabe por dónde comenzar. El mundo donde Giovanni vivía era así, como el de muchos otros: el mundo de *no me gusta pero no sé cómo hacerlo*.

Para que Giovanni llegara a este momento de su vida, antes tuvo miles de experiencias y luchó muchas batallas. Como Frodo, en *El señor de los anillos*, estuvo bajo el embrujo del anillo durante años, hasta que le quemó tanto que ya no pudo más que enfrentar la decisión de entregarse por completo al mal, o luchar con otros por su libertad. La vieja historia del bien contra el mal.

Sé que suena a cuento de hadas y de dragones, pero es que cada uno vive su propio cuento.

Hay que escoger nuestras batallas, enfrentar al dragón y olvidarnos de la idea de que solamente al besar a la princesa llegaremos a tener un final feliz, como si la felicidad fuera el propósito de nuestra vida.

UNA DE LAS REGLAS DEL JUEGO DE LA VIDA ES LA INCERTIDUMBRE

La incertidumbre no promete un final feliz. Por el contrario, continuamente ésta nos recuerda que estamos rodeados de dragones que hay que vencer. Esos dragones se llaman ansias que generan ansiedad, y ésta es el motor de la insatisfacción y la *infelicidad*.

¿Qué es la felicidad?: ¿Paz en el mundo? ¿Amor eterno? ¿Millones en la cuenta de banco? ¿Salud? ¿Tener más que tu vecino? ¿Erradicar el terrorismo? ¿Que ganen los demócratas? ¿Que deje de llover? ¿Un día más de vida con el ser querido que perdiste? ¿No tener diabetes? ¿Que no exista el hambre y la miseria en la humanidad? ¿Que gane el Madrid? Porque de ser así, la felicidad de los madridistas representaría la infelicidad de los hinchas del Barça.

La felicidad es un estado mental, una emoción física que experimentamos cuando entendemos las reglas del juego y aprendemos a balancearlas. La felicidad, cuando está mal concebida, puede ser una trampa que se convierte en un círculo vicioso que te expone a caer y recaer una y otra vez, hasta que tu autoestima llega a un punto en el que ya no eliges más, donde permites que otros elijan por ti.

En el caso de Giovanni, noté que estaba comenzando en un punto de partida equivocado: el miedo a enfrentar su propio miedo lo llevó a hundirse y esconderse de su realidad usando el trabajo y las amantes como su refugio y escape.

Pregúntate, amigo lector:

- En tu vida ¿cuál es tu escape?
- ¿Qué rutina, práctica o relación sabes que no son lo mejor para ti, pero sigues ahí?
- ¿Te da más miedo dejar de sentir el dolor que ahora sientes o la incertidumbre de probar algo nuevo?
- ¿Qué es lo que te motiva? ¿El dolor o las ganas de ser mejor? ¿El miedo o la curiosidad? ¿La escasez o la abundancia?

Giovanni estaba harto de su vida. No sabía cómo recuperar esa vida que compró desde el momento que le leyeron su primer cuento de hadas. No sabía en qué momento su "felices para siempre" se había quebrado. Pero ya no quería seguir sintiéndose así. Por eso buscó amantes y aceptó la mediocridad de su trabajo. Ignorante como muchos, cayó en el círculo vicioso.

Su punto de partida era *infeliz*, porque la intolerancia con su esposa le provocaba buscar amor en otros brazos, y su escape fue la amante que frecuentaba por los últimos cuatro meses. Aun así, la sensación de egoísmo lo consumía de tal manera que la culpa terminaba apoderándose de él y volvía a sentirse infeliz. Su autoestima se minaba por buscar la felicidad exprés.

La liberación para Giovanni consistía en entender su realidad, declarar su manifiesto, exponerse de pechito y sin historias a sus miedos, librándose de culpas y dejando fluir sus emociones.

Esta transformación es quizá la más difícil, ya que necesitas de verdad el apoyo de otros y mucha paciencia. Es acá donde debes utilizar toda la fe, si eres creyente, o toda la ciencia, si no lo eres, para confiar en un proceso maravilloso y con efecto multiplicativo. Es en este paso donde el tiempo juega en contra pero también a nuestro favor y entra en juego ese liderazgo científico basado en la contribución y el engrandecimiento personal que procura nuestro propio crecimiento en la medida que fomentamos el crecimiento de otros.

El efecto multiplicativo que tienen prácticas como el *mindfulness* y el agradecimiento son herramientas primordiales que empiezan a construir las bases que necesitamos para aplicar ese cambio paulatino, para promover esa neuroplasticidad y empezar a ver la transformación en nosotros.

Según un estudio realizado por Martin Seligman, director del departamento de Psicología Positiva de la Universidad de Pensilvania, nos demuestra en la siguiente gráfica el efecto multiplicador de la práctica diaria de un agradecimiento constante y consciente.

El progreso es tan paulatino que necesitamos el apoyo del grupo para lograrlo, porque es probable que si sólo cuentas con tu voluntad o autodisciplina, no dures más que unos días o semanas.

EFECTO DE LA PRÁCTICA DE LA GRATITUD

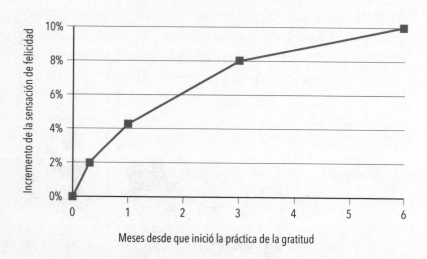

Cuando Giovanni comenzó a identificar su círculo vicioso y a reconocer las trampas en las que constantemente recaía, encontró las conexiones de estancamiento que le estaban afectando y descubrió dónde podía aplicar los cortes. Por fin los dragones y brujas daban la cara y el mundo de nuestro amigo empezó a sacar a las hadas y príncipes a la luz. Podía comenzar a construir su propio bienestar.

Encontramos, por ejemplo, que una situación enfermiza y de constante vicio era la relación que tenía con su esposa, pues no le permitía tener claridad para tomar decisiones correctas en el trabajo, y lo castigaba con la idea de no poder hacer que la relación con sus hijos fuese sana. Temía que su familia se fuese a quebrar si enfrentaba los problemas con su pareja. Eso le provocaba querer huir, lo cual era una solución equivocada.

En el camino del bienestar integral debes entender que lo más importante es enfocarte primero en tu propio bienestar, porque si tú no estás bien, es probable que no seas capaz de encontrar la respuesta para la situación que estés atravesando o que ni siquiera tengas la claridad o la energía para buscarla.

Giovanni empezó a trabajar con un grupo de apoyo que encontró dentro del programa, gente que como Oscar, Susana, Patricia, Franco, Michelle y Francesca, que desde un principio lo apoyaron.

⊙ SEXTA
PARTE

LA QUINTA TRANSFORMACIÓN:
⊙ EL PODER DE LA ELECCIÓN

> Si me fijo en un coco y sólo veo lo externo, veré una fruta fea y dura. Es probable que ni le ponga atención y la deje ahí. Pero si elijo ir más allá de lo que veo a simple vista y me doy tiempo de descubrir qué hay detrás, encontraré una fruta dulce y jugosa.
>
> La elección de vivir en el mundo de las cáscaras es mía.

Días más tarde, recibí una llamada de Giovanni.

—¿Cómo estás, gigante? ¿Para qué soy bueno?

—¿Sabes? Me quedé pensando y ahora estoy tan confundido… mejor dicho, me siento perplejo y no quiero sentirme así. ¿Qué puedo hacer?

—Primero que nada, amigo, debes agradecer que estás sintiendo algo, preocúpate si fuese lo contrario. Necesitas canalizar esa sensación y dejar que tus emociones y sentimientos te enseñen un poco más sobre ti. Al hacerlo comenzarás a descubrir quién eres. ¿Entiendes?

—Sigo confundido.

—¿Cuál es tu confusión?

—¿Puedes explicarme la diferencia entre emociones y sentimientos?

Me resultaba irónico que el fuerte e indómito Giovanni, el hombre de hierro, me hiciese esa pregunta. Sólo le había tomado cuarenta y dos años plantearla.

Y tú, amigo lector, ¿sabes la respuesta?

DIFERENCIA ENTRE EMOCIÓN Y SENTIMIENTO

Emociones

Según el psicólogo Carl Jung y el antropólogo Abner Cohen, todos los objetos nos atraen e invocan emociones. Se trata de un fenómeno natural, esencial para la supervivencia humana.

Es probable que cuando nos encontramos por primera vez con cualquier persona experimentemos todo tipo de sensaciones, desde curiosidad hasta miedo, pues en ese momento le asignamos un significado y la relacionamos con una emoción. Así sucede también con los objetos, los olores, los recuerdos y demás cosas.

Las emociones son respuestas de nivel inferior que se producen en las regiones subcorticales del cerebro, la amígdala y la
corteza prefrontal ventromedial, las cuales crean reacciones bio-
químicas en el cuerpo que alteran su estado físico. Originalmente
ayudaron a nuestra especie a sobrevivir produciendo reacciones
rápidas a las amenazas, la recompensa, y todas las vicisitudes del
entorno. Las reacciones emocionales están codificadas en nuestros genes, y aunque varían ligeramente de forma individual —y
dependiendo de las circunstancias—, en general son similares en
todos los seres humanos, e incluso en otras especies.

La amígdala influye en la activación emocional porque re-
gula la liberación de neurotransmisores esenciales para la con-
solidación de la memoria; por eso los recuerdos emocionales
suelen ser mucho más fuertes y de mayor duración. Las emociones pueden medirse según el flujo de sangre, la actividad
cerebral, las microexpresiones faciales y el lenguaje corporal.

Sentimientos

Los sentimientos se originan en las regiones neocorticales del
cerebro y constituyen asociaciones mentales y reacciones a las
emociones, las cuales son influenciadas por la experiencia personal, las creencias y los recuerdos. Un sentimiento es la representación mental de lo que está pasando en tu cuerpo cuando
tienes una emoción; es el subproducto de tu cerebro al percibir
y asignarle significado.

Los sentimientos son la próxima cosa que sucede después
de tener una emoción y no se pueden medir con precisión.

No sé si alguna vez has escuchado la pregunta de qué surgió primero: el huevo o la gallina. Es capciosa y pretende con-
fundirnos, aunque la respuesta científica sería: el huevo.

En el caso de las emociones, la pregunta sería: ¿estamos porque sentimos o sentimos porque estamos?

Hace poco más de un siglo, el psicólogo estadounidense William James[1] y el físico danés Carl Lange[2] señalaron que la subjetividad del sujeto se deriva de un estado fisiológico; es decir, que la emoción es producida por las sensaciones físicas a los estímulos (el aumento de ritmo cardiaco y los espasmos musculares). En otras palabras, aunque el sentido común nos dice que lloramos porque estamos tristes, James y Lange sostienen que estamos tristes porque lloramos.

En contraposición, Walter Cannon[3] y Phillip Bard[4] señalan que los estados fisiológicos de las emociones son cualitativamente iguales y por tanto es imposible que lo físico se anteponga a la vivencia subjetiva. Para estos investigadores, todas las reacciones físicas son iguales para diferentes emociones. Con base únicamente en las señales fisiológicas no sería posible distinguir una emoción de otra. De este modo, la experiencia emocional y el cambio fisiológico se producen a la vez.

Stanley Schachter y Jerome Singer[5] señalan que las emociones dependen de dos factores: la excitación física y la percepción cognitiva. Para esta teoría las emociones se deben a la evaluación cognitiva de un acontecimiento, pero también a las respuestas corporales. La persona nota los cambios fisiológicos,

---

1. William James lo propuso en 1884 y se centra en el componente fisiológico.

2. Carl Lange coincide con William James; su propuesta (1885) respalda el componente fisiológico.

3. Walter Cannon incluyen el componente cognitivo en su propuesta (1927).

4. Phillip Bard también basa su propuesta (1938) en el componente cognitivo.

5. Schacther y Singer proponen en 1962 el componente expresivo.

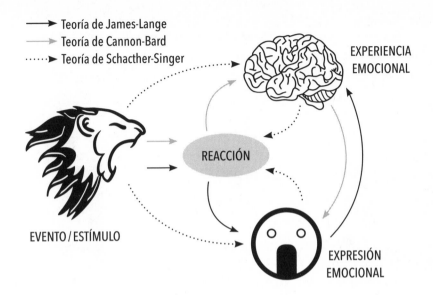

adverte lo que ocurre a su alrededor y denomina sus emociones de acuerdo con ambos tipos de observaciones.

En la figura observamos cómo la primera teoría explica las emociones únicamente desde la fisiología (——►). La segunda, desde las cogniciones (——►). La tercera basa su teoría en la interacción de ambas: factores fisiológicos y factores cognitivos (·····►).

Schachter y Singer concuerdan con James y Lange en que la experiencia emocional surge al reconocer una excitación fisiológica; pero también apoyan la tesis de Cannon y Bard al señalar que los estados fisiológicos son cualitativamente muy parecidos.

Sobre el tema también encontramos expertos como Robert Plutchik,[6] Bruce Morton[7] y Carrol Izard,[8] entre otros. Pero

---

6. Robert Plutchik, *Rueda de las emociones*, Universidad de Florida, 1980.

7. Bruce Morton, *Hexadyad Primary Emotions*, University of Hawaii, 2015.

8. Carrol Izard, *Differential Emotions Scale*, University of Delaware, 2012.

luego de investigar y probar, la metodología que aprendí en el programa de Positive Psychology 1504, con Tal Ben-Shahar,[9] de Harvard, es la que mejores resultados me ha proporcionado en cuanto a conocer y aprender de las emociones. La teoría de las tres "E".

| EVENTO | EVALUACIÓN | EMOCIÓN |

La experimentación sobre los procesos neurológicos demuestra que en ocasiones podemos manifestar la emoción antes que la cognición. Algunas vías neurales no pasan por el córtex cerebral (responsable de las cogniciones). Si presentamos el estímulo de una cara feliz la respuesta emocional que activa *las neuronas espejo*[10] será muy rápida; tanto, que es imposible que se procese conscientemente, pero los músculos del rostro imitarán sutilmente la expresión facial.

Joseph Le Doux[11] sostiene que la amígdala envía más rutas neuronales hacia la corteza que viceversa, de modo que las cogniciones están influidas por las emociones; entonces muchas cogniciones dependen directamente de la emoción.

9. Tal Ben-Shahar, *Being Happy*, Harvard University, 2012.

10. Giacomo Rizzolati, *Neurona espejo*, Università di Parma, 1996.

11. Joseph LeDoux, *The Emotional Brain*, New York Univesity, 1996.

Comienza a identificarlas y llamarlas por su nombre

Más allá de las emociones básicas que todos conocemos, como alegría, miedo, amor, tristeza, sorpresa e ira, existen muchas otras. Cuando en el programa de Las 9 transformaciones revisamos el tema de las emociones, siempre ofrezco un listado completo que permite a los participantes identificar y llamar por su nombre a la emoción que están sintiendo.

A continuación enumero en orden alfabético todas las emociones. Te recomiendo marcar las quince que con mayor frecuencia experimentas. Selecciónalas luego de haber revisado todas.

- Aburrimiento
- Amor
- Añoranza
- Armonía
- Asombro
- Alegría
- Angustia
- Apatía
- Arrojo
- Alivio
- Ansiedad
- Apego
- Asco
- Bondad
- Benevolencia
- Calma
- Cólera
- Confusión

- Curiosidad
- Cariño
- Compasión
- Congoja
- Celos
- Confianza
- Culpa
- Decepción
- Desamor
- Desconcierto
- Deseo
- Dolor
- Depresión
- Desánimo
- Desconfianza
- Desesperación
- Desolación
- Duelo

- Desamparo
- Desasosiego
- Desconsuelo
- Desgano
- Desprecio
- Ecuanimidad
- Entusiasmo
- Espanto
- Euforia
- Enfado
- Envidia
- Esperanza
- Excitación
- Enojo
- Empatía
- Estupor
- Éxtasis
- Fastidio
- Frustración
- Fobia
- Generosidad
- Gozo
- Hastío
- Humillación
- Hostilidad
- Hostilidad encubierta
- Impaciencia
- Indignación
- Inseguridad
- Ira
- Impotencia

- Inquietud
- Interés
- Irritación
- Indiferencia
- Insatisfacción
- Intriga
- Lujuria
- Lástima
- Melancolía
- Mezquindad
- Miedo
- Nostalgia
- Necesidad
- Obnubilación
- Omnipotencia
- Obstinación
- Optimismo
- Odio
- Paciencia
- Pena
- Placer
- Pánico
- Pereza
- Plenitud
- Pasión
- Pesimismo
- Prepotencia
- Rabia
- Rechazo
- Repudio
- Resquemor

- Rebeldía
- Regocijo
- Resentimiento
- Recelo
- Rencor
- Resignación
- Satisfacción
- Solidaridad
- Seguridad
- Sorpresa
- Serenidad

- Temor
- Terror
- Tristeza
- Templanza
- Timidez
- Ternura
- Tranquilidad
- Vacío existencial
- Valentía
- Vergüenza
- Vulnerabilidad

Las emociones como lo repito una y otra vez en mis certificaciones, seminarios, talleres, consultorías y conferencias son herramientas con las que contamos los seres humanos para aprender de nosotros mismos. Cuando las sabemos canalizar tienen el potencial de enriquecernos y promover nuestro bienestar, pero si las negamos porque no nos gusta lo que nos hacen sentir, entonces estamos perdiendo.

EL PARADIGMA DEL CAMBIO

Ya integrado en el grupo de trabajo, en el medio de su segunda sesión, Giovanni empezó a platicar.

—Yo opino que todo está en aplicar los cambios, pero, ¿sabes qué?, se me hace muy difícil y me frustra. A veces la misma frustración propicia que ya no quiera intentarlo de nuevo. ¿Me puedes motivar?

—Motívate solo.

—¿Cómo?

—¿De qué te sirve buscar motivación si no estás convencido de tu propósito? Existen dos tipos de personas, y esto lo comentaba antes con Stuart: las que buscan el cambio porque están hasta la madre de la vida que llevan, o de sus problemas, y las que pretenden un cambio proactivo y progresivo. Ahora tú estás en el primer grupo, porque aún no terminas de entender que tu punto de partida es tan importante como tu propósito.

—¿Por qué no me lo explicas en un idioma que entienda?

—Lo que intento decirte es que si lo que buscas es motivación para cambiar, ya perdiste. Esa pequeña diferencia entre la motivación y la razón para hacer las cosas es donde la mayoría de la gente se equivoca.

—Sigo sin comprender nada.

—A ver, ¿tú por qué quieres cambiar?

—Porque ya no quiero seguir así. Ya no puedo más. Tengo miedo.

—¿Sabes lo que estoy escuchando?

—¿Qué cosa?

—"Tengo miedo", "quiero escapar", "tengo miedo"… Estás creando conexiones de estancamiento que te motivan a desear un cambio, pero por las razones equivocadas. Entonces lo que va a ocurrir cuando tomes acción es que tras sentirte un poco mejor regresarás a lo de antes. Al hacerlo, tu autoestima se dañará una vez más y te sentirás peor que cuando comenzaste.

—Tiene sentido lo que dices. ¿Entonces qué debo hacer para cambiar de una vez y por todas?

—Debes encontrar la razón de tu propósito y definirlo de forma clara.

Cuando encontré el camino del bienestar integral y decidí adoptarlo en mi vida, me di cuenta de que no sería una decisión fácil. Era una revelación después de cuarenta años y fracción, durante los cuales busqué muchas respuestas, soluciones, seguridad, y hasta cierto punto algo que sólo los inmortales pueden poseer: la certidumbre.

Imaginaba ser capaz de ignorar las reglas del juego y encontrar la felicidad que tantas veces y de muchas maneras había comprado a través de esos falsos profetas llamados *ídolos populares*; productos o servicios que proyectaban la solución a mis problemas si adquiría tal o cual marca; si poseía cierto tipo de cuerpo o corte de pelo; si me rodeaba de cierta gente o me identificaba con determinado grupo social o ideológico.

Hallé en mis libros, en mis clases y en mis estudios a mis profetas actuales, esos grandes pensadores, estudiosos, ideólogos y científicos que individualmente y en conjunto, cada uno en su especialidad, compartieron y revelaron su sabiduría conmigo.

Finalmente descubrí una luz al final del sendero, y conforme fui avanzando en mis estudios —pero, más importante aún, aplicar lo aprendido— noté cómo las cosas comenzaban a cambiar poco a poco. Se develaba ante mis ojos el entendimiento de mi verdadero propósito como ser humano. Por primera vez sentí que lo podía traducir y llevar a mi propósito como padre, hijo, hermano, esposo, amigo, colega, maestro y miembro de mi comunidad.

La nueva promesa proveniente de la ciencia se llamaba *claridad*, se traducía en *entendimiento,* y poco a poco el cristal de mis gafas contemporáneas mutaba de color. La ciencia me abrió los ojos y paulatinamente retiré la venda que por tantos años los cubrió.

Debo reconocer que reprogramar el chip y reprocesar todo ha sido una de las cosas más difíciles que he experimentado en la vida, pero debemos entender que, a diferencia de una computadora, que cuando se torna obsoleta o se descompone podemos remplazarla por otra, nosotros no contamos con la posibilidad de mudar de cuerpo o de cerebro. Nos resta entonces tomar conciencia y entender que debemos mantener y cultivar el que tenemos.

Existe una diferencia entre saber o no saber cómo mantener esa *máquina*. Es ahí donde, creo yo, todos debemos poner más atención, y considerar que quizás el mejor camino se divide en dos etapas: la primera es entender de qué se trata el juego, aprender sus reglas; y la segunda, diseñar nuestra mejor estrategia posible.

A mis cuarenta y un años de pronto me encontré, cual niño en juguetería, con tantas opciones y herramientas nuevas; y como adulto racional, con tantos temores al enfrentar decisiones que traerían consecuencias trascendentales para mi vida. Tenía muchas cosas que debía y quería cambiar. Los seres humanos somos muy hábiles para practicar, acomodar y justificar lo que nos gusta, aunque esto sea algo dañino para nuestra salud. A veces pienso que, a pesar de que Jiddu Krishnamurti escribió hace más de medio siglo: "No es signo de buena salud estar acostumbrado a vivir en una sociedad que está profundamente enferma", no está tan lejos de la realidad actual que hoy nos desvía y nos aleja de ser una sociedad "sana".

NO LLEGAMOS AQUÍ POR COINCIDENCIA, SINO POR IGNORANCIA

¿Por qué la estadística nos sigue mostrando una y otra vez que en promedio sólo 10% de la gente aplica lo que aprende?

Al leer en un estudio[12] que sólo 9% de los pacientes con enfermedades cardiacas que son sometidos a delicadas cirugías de

---

12. International Journal of Radiation Oncology.

bypass traumáticos llega a modificar su comportamiento, a pesar de haber sido advertidos de ajustar su estilo de vida a una nueva rutina o exponerse a la posibilidad de morir, empecé a cuestionar y a cuestionarme: ¿por qué al ser personas pensantes, racionales y responsables, seguimos comprando sueños y desobedeciendo patrones, o ignorando reglas fundamentales para mantener el estilo de vida que todos, en apariencia, queremos y deseamos?

Toma unos cinco minutos y responde a esta pregunta: ¿qué tipo de vida quieres para ti?

¿UNA VIDA CON SIGNIFICADO?

No recuerdo bien en qué encuesta leí que la dedicatoria más popular en las tarjetas de fin de año dice más o menos así: "Te deseo una vida feliz, llena de éxitos y logros, donde se cumplan todos tus deseos".

Llena de éxitos. Llena de logros. Que se cumplan todos tus deseos.

¿No es acaso el tipo de vida que todos los medios y políticos, especialmente desde la década de los cincuenta, nos vienen vendiendo? ¿No es lo que deseas en tus tarjetas de fin de año? ¿No es ése el propósito de tu vida?

Cuando reviso los estudios y las estadísticas sobre la resistencia consciente o inconsciente que azota nuestra naturaleza humana, y levanta un muro que escapa a lo racional, la pregunta del millón es: ¿por qué a pesar de ser conscientes del daño seguimos atentando contra nuestra salud?

El tema del cambio es fascinante y, en mi opinión, constituye el punto de quiebre de todo ser humano que busca cambiar.

En ese momento nos enfrentamos con lo que creemos que somos en contraposición con lo que en realidad somos. Y me da pena que la gran mayoría llega a tirar la toalla, pero no porque no sean capaces de alcanzar el cambio. La verdad siento que reside en la falta de metodología y en el medio en que siguen rodeados. La estadística me plantea con cierta impotencia las siguientes preguntas:

¿Por qué 92% de los 17 millones de personas que cada año intentan dejar de fumar fracasa? ¿Por qué 95% de la gente que pierde peso lo vuelve a recuperar? ¿Por qué 88% de las personas que se trazan los propósitos de fin de año fracasa en su intento? ¿Por qué sólo 10% de la población tiene metas específicas al año, y de ese promedio sólo 50% llega a cumplirlas?

Durante mi última visita a Sidney, leí un artículo en el diario local *The Australian* acerca del Mount Eliza Business School, el cual señalaba que más de 70% de las iniciativas de cambio fracasa debido a la oposición de las personas. Se explicaba que las mismas fracasaban no por ser malas ideas, sino porque el ser humano se resiste por naturaleza al cambio.

Para explicar este fenómeno de resistencia, los investigadores del centro NEURA,[13] en Australia, recurren a la *Walk Towards-Run Away Theory* (*caminar hacia-correr de*); es una teoría que muy bien nos puede dar la respuesta a la pregunta del millón.

Dicha corriente argumenta que el ser humano es un ente primario enfocado en primera instancia a la sobrevivencia. En un mundo como hoy, donde el estrés prima, sobrevivir se convierte en nuestra primera batalla. Esto permite que muchas

---

13. NEURA son las siglas en inglés de Neuro Research Australia.

veces nos habituemos a vivir como no deseamos aunque seamos capaces de cambiarlo.

La frase de Norman Vincent Peale[14] que dice: "En el momento que cambies cómo ves las cosas, las cosas que ves cambiarán", me inspiró y motivó a seguir apostándole al cambio personal. La idea no es comprar toda esa publicidad mediática que te aconseja "sí se puede", mientras subliminalmente te presentan su marca y sus colores de fondo.

Vivo convencido de que el cambio es posible, lo he visto en miles de personas. El detalle está en provocar que lo que deseas sea un cambio con un propósito lo suficientemente sólido para que valga la pena. Para que tenga la fuerza de mantenerse, volverse parte de tu rutina y crecer contigo. Mis investigaciones y experimentos poco a poco me ayudaron a encontrar el camino, y la metodología capaz de ayudarnos.

Ahora, si estás de acuerdo conmigo y sientes que es posible cambiar, entonces lo único que nos falta es entender la ciencia detrás del tema y que aprendas el método.

ENTENDIENDO LA CIENCIA DETRÁS DEL PROGRAMA

El estudio y la curiosidad de nuestra voluntad primaria por sobrevivir son tan antiguas como el estudio del hombre. A principios del siglo XX, pocos años antes de la Primera Guerra Mundial, un médico, psiquiatra, neurólogo y filósofo germano-argentino de nombre Christofredo Jakob, con su teoría sobre

---

14. Norman Vincent Peale es un autor estadounidense, creador de la teoría del pensamiento positivo (1993).

el "cerebro visceral" [15] y su impacto en el control de las emociones, logró inspirar a médicos y neurocientíficos más modernos, como el estadounidense Paul McLean, que con base en las ideas de Jakob desarrolló, entre otras, la *tan* conocida teoría del cerebro triúnico.[16]

McLean, en un afán por explicar la evolución existente en la estructura del cerebro humano, señala que dicho órgano está compuesto por tres partes o tres cerebros: el reptiliano, el sistema límbico y el neocórtex. Según este modelo, el ser humano obedece a un instinto primario y reptiliano por naturaleza —como lo comenté con anteriorioridad—. Argumenta del mismo modo que estamos orientados primariamente a la sobrevivencia, donde el miedo, o el miedo al miedo, es muchas veces el principal motor del cambio y nos obliga a mantener un estado de *huir de lo negativo* en vez de *caminar hacia lo positivo*.

El motivador Anthony Robbins,[17] por ejemplo, trabaja con un principio muy interesante: *el principio del dolor y el placer*, el cual sostiene que la gente está dispuesta a hacer más por evitar el dolor que por acercarse al placer. Es una idea interesante que, según mi experiencia, puede ayudar en un corto plazo, pero carece de herramientas que nos permitan mantener el cambio, una vez que el efecto de la euforia producida por el mismo se termine. Es un principio que le apuesta al cambio y al trabajo individual, y en mi opinión es ahí donde encuentra su Waterloo.

---

15. "Centenary of Christfried Jakob's Discovery of the Visceral Brain", en revista *Neuroscience & Biobehav*, 5 (32), pp. 984-1000, 2008.

16. G. Dennis Rains, *Principios de neuropsicología humana*, McGraw-Interamericana Editores, 2003.

17. Anthony Robbins, *Poder sin límites*, Grijalbo, 1989.

LA MECÁNICA PARA ENTENDER MEJOR

Pensemos en un taller de mecánica donde los mecánicos se llamen *neurocientíficos*; el motor, *cerebro*; y el combustible, *neuronas*.

En este taller un "mecánico" de nombre Matt Lieberman[18] dividió el motor en dos funciones: el sistema X, que responde más a los impulsos —es decir, que es más reflexivo— y el sistema C, que responde más a los pensamientos, que es más reflectivo.

Entre los sistemas X y C, Lieberman se inclina más hacia el reflexivo, porque lo considera más efectivo en función de que reacciona de forma automática y rápida, y consumen menos combustible.

El sistema X no se detiene ya que actúa más de forma habitual donde las emociones y las creencias pasadas lo detienen. Éste es precisamente el sistema en donde los mercadólogos buscan concentrar sus esfuerzos y los nuevos expertos en *neuromarketing* enfocan sus mayores recursos para vender sus iniciativas al mejor postor. El objetivo y la promesa son impactar el poder de decisión o de compra antes que el consumidor lo piense.

Por otro lado, el sistema C —el cual requiere más energía para funcionar y procesar información— es más lento y consume más energía. Éste es el sistema que por su naturaleza aletargada el ser humano promedio del "mundo civilizado", habitante de las grandes urbes, utiliza con menor frecuencia, con el argumento de la falta de tiempo.

A dicha necesidad eufórica por obtener todo de inmediato o a la brevedad posible la describo como el síndrome de *lo quiero ya*, fenómeno que en la mente del consumidor promedio actual

---

18. Matt Lieberman es profesor de la Universidad de Los Ángeles, California.

está reemplazando de manera lenta el concepto de *éxito exprés* por la nueva tendencia conocida como la "felicidad exprés".

Como su nombre lo indica, la *felicidad exprés* es la tendencia del ser humano o del zombi urbano a conseguir satisfacción inmediata. Es lo que de alguna manera Ben-Shahar describe como el *cuadrante hedonista*, donde la satisfacción inmediata cobra mayor grado de importancia; es la característica de una vida con escaso tiempo libre, o falta de un medio que promueva la investigación y la cultivación del *ser*.

En el "taller del mecánico" McLean encontramos un motor compuesto por tres partes o tres cerebros, o tres motores. La primera es el motor reptiliano, que es el responsable de las necesidades básicas: dormir, comer y reproducir. La segunda es el motor llamado sistema límbico, que se encarga de las emociones, las conexiones con otros, las memorias y los hábitos; y la tercera parte es el motor prefrontal o neocórtex, encargado de la lógica, la estrategia y el razonamiento.

Pero ¿para qué nos sirve entender esto?

Mucho de lo que hacemos en el día a día, más o menos 45% de nuestras actividades —como levantarnos, cepillarnos los dientes, apurarnos para salir a una reunión, observar a nuestros hijos, alimentarnos, etcétera—, ocurre sin que lo pensemos. Existen muchos estudios y teorías que proponen que nuestro comportamiento es habitual o ritual hasta en 60 por ciento.

Si eso es real y estamos tomando decisiones "inconscientes", sin pensar, con base en lo que creemos que está bien o que estamos convencidos de que es nuestra decisión, entonces yo los invito a reflexionar un *tantito*.

Si de acuerdo con la estadística el mundo como lo describió Krishnamurti anda ya bastante *maluco*, ¿no querrá decir eso que probablemente nuestro motor límbico no está funcionando como lo requiere nuestro propio beneficio? ¿No será que nos toca activar con mayor energía nuestro motor prefrontal para procurar de una manera consciente que esa materia gris, también conocida como *inteligencia emocional*,[19] funcione para nuestro mayor beneficio?

La teoría de *caminar hacia* y *correr de* propone que estamos atrapados en un modelo generador de adrenalina y otras hormonas derivadas de una vida gobernada por la burbuja del estrés y sus derivados, que con el paso de cada década van provocando que el ser humano se siga adaptando a extremos donde la ignorancia de las reglas del juego, y mucho peor, la ignorancia del juego mismo, lo lleven —como Krishnamurti sabiamente lo profetizó hace unas décadas— a aceptar como normal esa sociedad en la que cada vez más y más expertos en diferentes disciplinas coinciden en diagnosticarla como un ente que vive profundamente enfermo.

Me gusta citar el ejemplo del pueblo alemán en la parte de la planificación y al japonés en la disciplina para buscar ese punto de equilibrio que nos conduzca a un bienestar integral en la vida. La vida es precisamente eso, un acto de equilibrio. Cuando se trata de planificación no sólo hay que pensar en el futuro, debemos centrar nuestros esfuerzos también en nuestro entorno inmediato. Muchas metas a corto plazo —como el ahorro de dinero y la dieta— son en última instancia benéficas para nuestros futuros personales. No obstante, en el presente podemos estar demasiado absortos en el corto plazo; por

---

19. Daniel Goleman, *Emotional Intelligence: Why it can matter more than IQ*, Bantam Books, 1996.

ejemplo, no comer alimentos que nos gusta o comprar cosas que queremos, como para ver y apreciar los alcances de los beneficios que las metas de corto plazo tienen en el mediano y largo plazos si nos ceñimos a ellas.

Dan Ariely, profesor de psicología y economía del comportamiento en la Universidad de Duke, sostiene que entender por qué nos fijamos metas de corto plazo y cómo cambiamos lo que pensamos de las mismas nos puede ayudar en última instancia a alcanzar nuestras metas de largo plazo, o incluso a entender por qué no llegamos a cumplirlas. En principio todos sabemos y podemos diferenciar lo bueno de lo malo, lo que nos hace mejores y lo que nos resta. Pero muchas veces dejamos de actuar en el momento y volvemos a reincidir en temas como el sobrepeso, la gula, la falta de ejercicio, el exceso de televisión o internet, o la flojera, autoconvenciéndonos de que mañana, más tarde o en el futuro cuando tenga ganas y tenga las ganas lo haré. Sin embargo, si una decisión importante es empujada en el futuro, somos más propensos a decir que lo haremos.

Entonces el futuro se convierte en la tierra prometida y el presente, en la tierra de la excusa y la autojustificación. Pero aunque el futuro se muestre muy prometedor y todo parezca tener arreglo y solución, la verdad es que no vivimos en él; vivimos en el presente.

¿EMOCIONES POSITIVAS?

Una de las conclusiones de la teoría *Walk Towards-Run Away* plantea que generar emociones positivas en el común de la gente no es algo natural, no es una habilidad instintiva ni mucho menos primaria. Tengo alumnos que debaten esta conclusión, ya que sienten que no aplica para todos, o al menos para ellos, porque resulta difícil y hasta trágico aceptar o creer que la historia del final feliz hollywoodense —o la desgastada y mil veces renovada promesa de la publicidad pagada, que insiste en ofrecernos la felicidad instantánea, es decir, la *felicidad exprés*— vaya en contra del *santo grial* del siglo XXI: "vivir felices para siempre", o al menos creer que así será. A mis decepcionados y renuentes discípulos siempre les externo la misma respuesta: "Tenemos que partir de lo genérico para luego ir a lo específico".

La última vez que participé en un debate sobre innovación y ciencia, uno de los expertos panelistas, director de una prestigiosa empresa en publicidad, afirmó: "La innovación es tan buena como sus resultados reflejados en la caja registradora". Al oírlo, de inmediato me pregunté qué opinaría Tal Ben-Shahar[20] cuando, en su octava clase de psicología positiva 1504, de Harvard, nos decía que la pasión es lo más importante. Al respecto, el profesor Dan Gilbert aseguraba que primero es la pasión y luego el éxito. Ahora, ¿es aconsejable seguir definiendo el éxito por la cantidad de dinero que ganas?

Los expertos y mi experiencia personal confirman que es imposible o muy difícil pensar en bienestar o felicidad si no has cubierto tus necesidades básicas; pero también es cierto que el dinero no es la felicidad. Ayuda, pero no es el fin de los fines.

Cuando observamos a notables y destacados expertos que promueven un mensaje de motivación a un público expectante y sediento de consejos y guía, y ese mismo consejo llega como

---

20. Tal Ben-Shahar, *op. cit.*

éxito económico, siento que nos toca cuestionarnos qué tanto de ese modelo debemos seguir o a cuál debemos aspirar. De hecho, a la fecha vemos los resultados de dicho modelo y de otros anteriores. Mi conclusión y respuesta: prefiero no dejarme llevar por tantas promesas. El éxito me lo defino yo mismo.

Soy de los que promueven el compromiso en grupo, me inclino por el segundo camino y el modelo *proactivo*. Encuentro que es una solución maravillosa y una alternativa para ayudar a los objetivos a largo plazo de las personas, al hacerlas que se comprometan hacia la meta delante de otras personas. Pero en esta parte también me gusta la idea que sugiere Ariely: dos métodos. El de *sustitución de la recompensa* y el que él denomina *los contratos de Ulises*.

Primer método: sustitución de la recompensa

La sustitución de la recompensa consiste en rediseñar tu entorno para fomentar un comportamiento con visión de futuro. Ariely cuenta que en algún momento de su vida usó un medicamento de consumo diario para tratar problemas de hígado. El fármaco lo hacía sentirse más enfermo cada vez que lo tomaba; pasaba noches de miseria y pensó en dejarlo, pero se enfocó en la imagen y la visualización de cómo estaría una vez que mejorara. Decidió seguir ingiriendo la medicina y hacerle frente a sus malas noches, hasta que, un año y medio después, se curó.

Luego de la terapia, su médico le confesó que de todos los pacientes a quienes prescribió el tratamiento, él fue el único que lo tomó, todo el tiempo, de manera disciplinada.

Ariely consiguió aligerar sus noches de enfermedad distrayéndose con la renta de videos de películas cinematográficas. Su rutina consistía en inyectarse justo antes de comenzar a ver las cintas, así el malestar de la droga lo asociaría con algo que él deseaba hacer en contraposición con lo que detestaba. Es decir, la molestia que le provocaba la medicina la contrarrestaba con el placer de ver los filmes de su elección.

De alguna manera, como el perro de Pávlov, condicionó su mente al premio y dejó de enfocarse en el malestar. Para él sí era más importante recuperarse, pero estaba convencido de que los pequeños premios de corto plazo era lo que necesitaba para alcanzar la meta de largo plazo. En contraste, otros pacientes bajo el mismo tratamiento fracasaron por enfocarse sólo en el largo plazo. Ariely sostiene que su sistema de premiación de corto plazo le permitió tener éxito y completar el tratamiento.

Crear un sistema de compensación de corto plazo que refleje beneficios inmediatos que la gente identifique y procure —algo así como una pequeña recompensa al instante— puede empujar al compromiso por alcanzar objetivos a largo plazo.

Es decir, traer la recompensa a un presente inmediato, como lo hizo Ariely con sus videos y medicamentos, es más probable que provoque que la gente se comprometa con un objetivo de largo plazo.

Es importante en este proceso establecer metas de corto plazo que originen satisfacciones inmediatas para ayudarnos a alcanzar metas de largo plazo; entender el poder del arrepentimiento cuando tendemos a idealizar la meta y no alcanzamos lo que nos proponemos.

Un estudio de la Universidad de Virginia demuestra que un atleta que ha alcanzado el tercer puesto es más feliz con su medalla de bronce, que el que ocupó la segunda posición con la medalla de plata, por el simple hecho que pudo haber sido el ganador del oro.

De la misma manera lo observamos en el futbol. Para la selección mexicana de ese deporte, pasar de cuartos de final tendría más sabor de victoria que para los alemanes perder una final del mundial. Lo mismo aplica para el combinado peruano, al que sólo le bastaría clasificar a la justa mundialista para sentirse ganador. Nos molestamos más cuando perdemos la entrada al cine por unos minutos tarde que si la hubiésemos perdido por dos horas, por la misma idea de que pudimos haber llegado a tiempo. Ariely argumenta que el sabor de los múltiples fracasos nutre la actitud de dejar para mañana en vez de actuar hoy en 98% de los casos.

Segundo método: los contratos de Ulises

El segundo método evoca la historia de Ulises, el personaje de la *Odisea* de Homero. Cuando Ulises viaja a través del mar, él y su tripulación enfrentan a un grupo de sirenas que entonaban melodías que hipnotizaban a los mortales hasta llevarlos a encallar en las rocas y morir ahogados. Él ordenó a sus tripulantes que le rellenaran sus oídos de algodón para no escuchar el canto de las sirenas, y que lo ataran al mástil porque temía que esas voces lo afectaran y no quería estrellar la nave.

El contrato de Ulises reconoce la naturaleza humana, y de manera muy sutil se alinea con la teoría *Walk Towards-Run Away*, que reconoce la debilidad del cerebro de ir hacia lo más fácil y placentero. Si sé que en el futuro puedo comportarme mal, entonces permitan que como Ulises me tape los oídos y me amarre al mástil para evitar que encalle mi navío. Es decir, mejor déjame hacer algo ahora para evitar que en el futuro me comporte mal.

El contrato puede traducirse en cualquier tipo de compromiso con un grupo. Desde no comer dulces, levantarse a la hora que planeas, ser puntual, no ver televisión, asistir al gimnasio, etcétera. Si de antemano sabemos que nos vamos a sabotear al no mantenernos en línea con los objetivos a largo plazo, podemos anticipar esa situación y modificar el entorno actual para asegurarnos de que en el futuro evitemos comportarnos mal en primer lugar.

Si bien es cierto que la ciencia y sus expertos afirman que para alcanzar el bienestar integral en la vida, lo primero que debe lograr el individuo es suplir sus necesidades básicas, y posteriormente, como lo propone Gilbert, empezar a estudiar las reglas y plantear la estrategia.

No es casualidad ni resultado de una conspiración celestial que hoy estemos pagando las consecuencias de haber creado y mantener un modelo que nos impide entender y cultivar plenamente la noción de lo que es vivir en bienestar integral; un modelo que, por el contrario, cada vez nos aleja más de los valores básicos y de las elecciones más sanas. Siento que estamos a la deriva y más distantes de lo que Martin Seligman describe como un modelo de *salud positiva*; o lo que yo denomino modelo *saludable en bienestar integral*, que nos permita sacar la cabeza del hoyo para mirar hacia la dirección correcta.

A pesar de que la teoría *Walk Towards-Run Away* propone y sugiere que por excelencia el ser humano no es creador natural de emociones positivas, y peor aún, que posee una debilidad para enfocarse en lo negativo, también está comprobado que como seres humanos tenemos la capacidad de rediseñar nuestros patrones de conducta, nuestro pensamiento y nuestra interpretación; es decir, contamos con la habilidad natural de cambiar nuestra interpretación de la realidad.

A mis alumnos que pecan de realistas siempre les cito algunas estadísticas generales, pequeños detalles que necesitamos tomar en cuenta y que les ayude a entender el juego que estamos jugando: la estadística no miente. Por ejemplo, el índice de divorcios se está incrementando en el ámbito mundial. En países como Bélgica, el porcentaje asciende hasta 70% y el promedio en naciones como Estados Unidos, Rusia y Francia no desciende de 51%. En el caso de las empresas, sólo una de cada diez pasa la marca de los tres años. Más de seiscientos millones de personas mueren en el mundo por obesidad, diabetes y cáncer; cifras epidémicas. Los niveles de estrés, ni se diga. Pero a pesar de contar con toda esta información en contra, nos seguimos casando, tenemos hijos, formamos familias, promovemos grandes ideas y creamos empresas, aspiramos a un mundo mejor, etcétera. Cualquiera en su sano juicio, luego de ver dichas estadísticas, cuestionaría la lógica humana, pero por fortuna para nuestra especie, instintivamente estamos más preocupados por la continuidad de la especie que por el nihilismo[21] o en hedonismo.[22] Sin embargo, no deja de ser cuestionable persistir en la postura de definirse como una persona realista, cuando no podríamos siquiera levantarnos de la cama cada mañana si no pudiésemos aspirar y desear constantemente un futuro mejor.

Es aquí donde la fe y la publicidad juegan un rol de convencimiento muy importante, al recordarnos la promesa de un futuro mejor y más feliz. Martin Seligman, uno de los psicólogos más prominentes en la historia de la psicología actual, exdirector de la Sociedad de Psicólogos de Estados Unidos y actual director del Departamento de Psicología de la Universidad de Pensilvania, argumenta que la gente positiva tiene considerables ventajas sobre la negativa. La gente positiva posee más oportunidad de vivir una vida saludable y en bienestar integral. Y acaso no es cierto que en esta vida llena de incertidumbre, quieran aceptarlo o no, nos toca ser positivos si estamos buscando vivir en pareja, procrear, construir, desarrollar y, sobre todo, mantener la vida sobre la faz de la Tierra.

La historia, a su vez, nos muestra cómo la sociedad humana está en constantes cambios y reinvenciones. Nuestra especie ha evolucionado desde organismos unicelulares hasta la raza dominante en este planeta, lo cual comprueba que la adaptación es parte de nuestro ADN, y la evolución, de nuestro cerebro primario y reptiliano.

---

21. El nihilismo es la corriente artística y filosófica que toma como base la negación de uno o más de los supuestos sentidos de la vida.
22. El hedonismo es una doctrina ética que identifica el bien con el placer, en especial con el placer sensorial e inmediato.

Como parte de nuestro proceso de adaptación al cambio, nuestras células cerebrales forman continuamente millones de nuevas conexiones neuronales, reestructurando nuestras percepciones y nuestra fisiología en el tiempo y el espacio. Esa propiedad se conoce como *neuroplasticidad*[23] o *plasticidad neuronal*.

Miles de veces al día nuestras neuronas establecen comunicación a través de estímulos externos e internos del medio ambiente. El aporte de la ciencia y la neurociencia para lograr un impacto en la decisión de cambiar, y la capacidad de entender cómo funciona el cerebro durante el proceso de cambio, nos puede ayudar a controlar y dominar la resistencia a las transformaciones.

LA HABILIDAD DEL CAMBIO

A la frase ya comentada de Krishnamurti, yo me atrevería a sumar las siguientes palabras (en cursivas) para que se lea así: "No es signo de buena salud, *que a pesar de saber que estamos en una sociedad profundamente enferma, sigamos sin cambiar*".

Cambiar un hábito o un comportamiento que está incrustado en nuestro disco duro y que nos da *hueva enorme* modificar es algo que naturalmente no procuraremos hacer, entre otras razones porque existe demasiada resistencia interna, y no se diga nada de la externa. Es un cambio que requiere entender y trabajar con nuestra psicología y fisiología, para obtener una

---

23. John B. Arden, *Rewire Your Brain: Think Your Way to a Better Life*, Paperback, 2010.

armonía con el ser. Es un cambio que obviamente resultará doloroso en muchos aspectos. Por eso no nos sorprenda que la gente se haga tonta y, aunque de manera consciente declare su intención de cambio, subconscientemente lo evite a toda costa.

Para mantener un compromiso necesitamos contar con bases y herramientas que la ciencia hoy en día nos proporciona; sobre todo con el apoyo y el compromiso que uno mismo adquiere al trabajar con un grupo, es crucial para hacer de esta voluntad de cambio una experiencia divertida y provechosa que nos ayude a crecer nuestra autoestima, incremente nuestra salud y nos apoye con base en resultados a redefinir nuestra identidad como entes pensantes que podemos regresar a ejercer ese derecho natural que nos da la Constitución y la vida misma, el derecho a decidir y a renunciar a que otros sean los que sigan decidiendo por nosotros.

En su libro *El poder de los hábitos*, Charles Duhigg menciona que es precisamente por esta función de sobrevivencia —esta naturaleza reptiliana que McLean hizo famosa— que el cerebro está predispuesto a resistirse al cambio.

La supervivencia depende de nuestra capacidad para detectar errores en nuestro entorno y reaccionar de forma rápida e instintiva para evitar cualquier amenaza. Poco esfuerzo disciplinado y constante es el pilar que origina un cambio, que crea un hábito deseado que remplace a otro no deseado. Los japoneses han creado una cultura alrededor precisamente de eso que conocemos como *disciplina*. Ellos atribuyen su éxito a este concepto.

Nuestras neuronas van creando surcos neuronales que eventualmente quedan marcados como hábitos en nuestros *ganglios basales*,[24] transformando algo hostil y pesado en una acción regular y simple, como cepillarnos los dientes al amanecer o despertarnos a las seis de la mañana. Cuando eso ocurre, requiere mucho menos esfuerzo y atención, y permite que regulemos nuestras emociones y nuestros comportamientos para actuar con mayor libertad. Pero aun con todo esto que se sabe, ¿por qué nos sigue costando tanto trabajo cambiar?

Resistencia al cambio: primera observación

Cuando nuestro cerebro percibe una diferencia entre lo que esperamos y lo que ocurre, se produce una señal de alerta rápida, entonces empezamos a sentir estrés. Sabemos que va a pasar algo inesperado, sin embargo, contamos con que ello no ocurra y las cosas se den tal como lo hemos previsto y lo estamos deseando. Este mecanismo de detección de errores, ese radar detector de incertidumbre se encuentra en la corteza orbital, justo encima de los ojos, y está estrechamente relacionado con la amígdala, una de las zonas más antiguas del cerebro.

La amígdala es la glándula que controla las emociones, capaz de transformarnos de superhéroes a supervillanos en microsegundos. La amígdala obtiene su energía de la corteza

---

24. Los ganglios basales son acumulaciones de cuerpos de células nerviosas que se hallan en la base del cerebro. Están relacionados con los movimientos voluntarios realizados de forma principalmente inconsciente o habitual; esto es, aquellos que involucran al cuerpo entero en tareas rutinarias o cotidianas. Ver: Helmut Wicht, "Ganglios basales", en *Investigación y Ciencia*, septiembre-octubre 2007.

prefrontal, activando el miedo o la ira que necesitamos movilizar instintivamente para provocar el cambio partiendo de *correr de* en vez *de caminar hacia.*

Para ilustrar mejor el ejemplo, imaginemos que Liliana se halla en medio de una fiesta un sábado por la noche, y en ese momento nota que el "galán", la persona que más le gusta de toda la reunión, la mira y le sonríe. Es exactamente el galán que estaba esperando desde que vio la última película de Ashton Kutcher, y no se lo puede creer; está tan encantada, que no se fijó que dicho personaje traía a la novia colgada del cuello toda la noche. Pero cuando Liliana hace contacto visual, en ese momento la novia decide ir al baño.

Cuando intercambian miradas, Liliana comienza a sentir pajaritos en la cabeza y mariposas en el estómago. Se generan cantidades exorbitantes de dopamina, serotonina, oxitocina, y todas las "inas" que nos podamos imaginar. Ella se siente confiada y está decidida a dar el primer paso.

—Pero si yo no soy así —le dice su cerebro izquierdo.

—¡Cállate, tonta! —le reclama su cerebro derecho—. Ve por la conquista, que está *rechulo* el condenado.

Entonces, sin medir consecuencias, se desliza como en patineta a través del salón e inicia una descarada plática que anticipa la satisfacción del sueño más húmedo que a la fecha jamás ha tenido. Una sonrisa es la mejor invitación al diálogo amigable, seductor y atrevido. La neurona espejo empieza a destapar la química entre ambos, todo va mejor que bien. Pero de pronto, saliendo de la oscuridad del salón, Liliana observa cómo otro *par de ojitos negros* la miran, pero esta vez con ganas de noquear esa placentera sonrisa de su rostro, y aplicarle un zurdazo estilo Tyson. En ese momento la amígdala se dispara y entra en estado de alerta máxima; la adrenalina no pide permiso y empieza a correr por todo su cuerpo. El radar natural de defensa se activa y Liliana se ve obligada a reaccionar o sufrir las consecuencias.

¿Qué crees que pasó? ¿Fue la música o la novia lo que provoco que Liliana cambiara su estado de calentura? Fue el cerebro de Liliana, que a pesar de estar sedado por la calentura y la pasión del momento, siempre se mantuvo alerta para preservar la existencia y notar las señales de peligro en nuestro entorno, En el ejemplo de Liliana, para salvarla de no terminar en el suelo, por la reacción de la furtiva rival.

Vivimos deseando constantemente, inspirados o manipulados por el medio y lo que muchas veces creemos es nuestra elección personal. El cerebro tiende de manera natural a buscar certidumbre, su naturaleza *homeostástica*;[25] en el caso de Liliana, asegurándose de retirarse del peligro y regresar con su grupo de amigas para convencerse de que el galán no era, después de todo, tan guapo de cerca como se veía desde el otro lado del salón.

David Rock[26] y Jeffrey Schwartz[27] definen la homeostasis como "el camino natural de todo organismo hacia la búsqueda

---

25. La homeostasis es una propiedad de los organismos que consiste en su capacidad de mantener una condición interna estable, compensando los cambios en su entorno mediante el intercambio regulado de materia y energía con el exterior.

26. David Rock, *Quiet Leadership: Six Steps to Transforming Performance at Work*, HarperBusiness, 2007.

27. Jeffrey Schwartz es investigador y psiquiatra en la escuela de medicina de la Universidad de California. Es autor de *La mente y el cerebro* y *Brain Lock: Free Yourself from Obsessive-Compulsive Behavior*.

del equilibrio y en contra del cambio". Estamos constantemente vigilando que esos estresantes cambios nunca ocurran, para mantenernos en lo familiar, en lo conocido, tanto como sea posible.

La percepción positiva hacia el cambio: segunda observación

Lo opuesto ocurre al activar el sistema de premiación. Cuando la retroalimentación de nuestro medio, o la percepción que tenemos del mismo, es positiva y nos estimula, nos volvemos generadores de una serie de hormonas y neurotransmisores que afectan nuestra psicología y biología de forma positiva. Podemos reacondicionar el comportamiento de nuestros cerebros para que funcionen para nosotros, utilizar la maravillosa herramienta conocida como *neuroplasticidad autodirigida* para que nuestra propia naturaleza humana funcione a favor y no en contra; es decir, podemos procurar generar más hormonas o neurotransmisores que nos provocan sentirnos bien, para que a la vez produzcamos químicos que nos promuevan la salud y alimenten nuestras células.

Ahora llamemos a los neurotransmisores y a las hormonas por su nombre:

Dopamina

Es un neurotransmisor que impulsa el sistema de recompensa del cerebro. Si estás reconocido en tu trabajo por tu buen desempeño, obtendrás una inyección de dopamina que despierta la sensación de bienestar. También impulsa la búsqueda del placer. La dopamina se manifiesta cuando alcanzas pequeñas tareas o metas, como, por ejemplo, escribir cinco páginas de un libro, ir al gimnasio, preparar una deliciosa comida. Éste te permite buscar, identificar y realizar actividades saludables y placenteras que tienen un impacto positivo en tu vida.

Serotonina

Éste es el neurotransmisor del estado de ánimo. La forma más eficaz y natural para aumentar la serotonina es mediante el ejercicio diario, estar en movimiento; ésa es una de las razones que debes tomar en cuenta al dar un paseo a paso ligero, o cuando sales a correr. Puede hacer maravillas para en estado de ánimo.

Oxitocina

A menudo llamada, *hormona del amor*, es igualmente considerada como neurotransmisor y hormona. Los investigadores de la Universidad de Claremont, en California, han realizado una amplia investigación sobre su impacto en el nivel de satisfacción, especialmente en las mujeres, en comparación con los hombres. Pasar tiempo con los seres queridos y practicar la amabilidad con los demás estimula la oxitocina.

Estrógeno

Ayuda a formar serotonina y nos protege de la irritabilidad y la ansiedad; nos permite mantener un estado de ánimo estable. El estrógeno disminuye con la menopausia, el tabaquismo y —lo creamos o no— con el exceso de ejercicio. Un desequilibrio de estrógeno / progesterona en la perimenopausia también puede afectar negativamente el estado de ánimo.

Progesterona

Nos ayuda a dormir bien y a evitar sentir ansiedad e irritabilidad. Los niveles de progesterona empiezan a caer entre los treinta y cinco y cuarenta años, lo cual puede acelerarse por exceso de estrés y una mala alimentación. Expertos como la doctora Sara Gottfried, autora de *La cura de las hormonas*, dicen que cuidarse y comer bien es nuestra primera defensa para lograr el equilibrio de las hormonas, antes de intentar cualquier tipo de terapia.

Saber esto, leer y conocer no es suficiente. lo ideal es poner atención repetidamente a nuestras nuevas acciones y actitudes a través el tiempo, hasta que se vuelvan parte de nuestro desenvolvimiento y nuestra percepción de nosotros mismos.

Es crucial que la creación de nuevos hábitos nos induzca al cambio y la transformación. Hacerlo conscientemente diferente y divertido, para que en vez de ser rechazado, nuestra naturaleza lo perciba como fácil, y por ende lo procurará y fomentará.

Es cierto que la práctica hace al maestro, y mientras más usemos herramientas como la neuroplasticidad, el impacto en la vida de otros y la propia se reflejará en nuestro nivel de compromiso, respeto, comunicación, energía, autoestima, resiliencia, toma de decisiones y rendimiento. Mientras más adoptemos el camino de la ciencia para alcanzar el bienestar integral, nuestras neuronas harán mejor su trabajo creando nuevas conexiones necesarias para regular nuestras reacciones emocionales e intelectuales, de manera más efectiva. Permite que este libro te sirva de guía para trabajar la neuroplasticidad autodirigida.

Es bueno recordar que todo suma; la autodisciplina, el enfoque y la acción masiva, pero ten en cuenta que la estrategia y el método son igual de necesarios en este proceso de cambio.

EJERCICIO

- ◉ Hagamos un pequeño ejercicio. En una escala imaginaria del 1 al 10, califica qué tan importante es tener seguridad sobre lo que ahora posees y controlas: ....

Las personas tienden a sentir miedo a no aprender lo que necesitan. Les preocupa que lo que saben no sea suficiente y que la gente se burle de ellas o no las reconozcan. A mí a veces me pasa. Las personas no quieren cambiar porque están conformes con lo que tienen y con lo que saben.

- ◉ De acuerdo con lo que acabas de leer, en escala del 1 al 10 por favor responde:
  - » ¿Quieres cambiar? ....
  - » ¿Necesitas cambiar? ....
  - » ¿Por qué? ....
    ....
    ....

Cuando yo me vi en la imperiosa necesidad de contestar esas preguntas, me enfrenté con muchas decisiones que debía tomar; muchas me exponían de una y mil maneras a aceptar y a negar quién era. La misma esencia de lo que consideraba y aceptaba como el propósito de mi vida. La verdad es que jugué y coqueteé con la idea de vivir en bienestar por muchos años, era una suerte de área gris donde yo mismo delineaba y borraba los límites de la misma. Esa zona de confort en la que muchas veces nos encontramos cuando nos contamos la realidad que nos queremos contar.

EL HEXÁGONO DEL CAMBIO

En 1998, Les Robinson,[28] un colega y amigo, publicó un diagrama de cambio de comportamiento que presenta los siguientes pasos inherentes a su teoría: conocimiento, deseo, habilidad, optimismo, facilidad, simulación y refuerzo.

El modelo de Les está enfocado en el proceso de pensamiento que se debe de emplear para diseñar y adaptar programas que provoquen el cambio en las comunidades.

Yo encontré mi inspiración en este modelo, especialmente cuando comencé a aplicarlo dentro de mi programa de transformación. La evolución de mis pruebas me permitió desarrollar un modelo que ha probado funcionar dentro de mi propuesta, con excelentes resultados.

Descubrí que para realizar el cambio de comportamiento, bajo los preceptos de la ciencia aplicada del bienestar integral, es necesario cumplir con seis etapas a las que denominé *Hexágono Massé de adopción al cambio de comportamiento*.

HEXÁGONO MASSÉ DE ADOPCIÓN AL CAMBIO DE COMPORTAMIENTO®

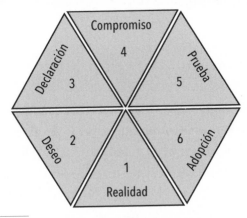

28. Les Robinson, *Changeology*, Greenbooks, 2012.

Primera etapa: *realidad*

En esta etapa el individuo debe realizar un examen detallado de su realidad para obtener la claridad de la misma. El objetivo es encontrar el propósito del cambio. ¿Por qué es importante cambiar? ¿Qué es lo quiero cambiar? ¿Cuál es mi resultado esperado? ¿Cuál es mi propósito? Es indispensable considerar que el propósito siempre debe ser más importante o fuerte que el mismo resultado.

Definir o concluir cuál es mi realidad es una tarea poco placentera porque nos orilla a examinar esas partes de nuestra vida que muchas veces no queremos ver. Es probable que llegar a este punto sea resultado de un proceso cognitivo consciente que nos tome un poco de tiempo; pero es la única forma de aceptar dónde estamos. Esto último, para efectos de la presente etapa, es más importante que el por qué estamos como estamos. Es importante también no olvidar que el objetivo del ejercicio es generar un cambio para mejorar. Por lo tanto, darme cuenta y aceptar cuál es mi realidad es un paso positivo hacia un futuro mejor.

Segunda etapa: *deseo*

En la segunda etapa debo tener claro cuál es el beneficio de mi cambio; por qué lo deseo, más que para qué lo deseo. Ésta es una fase que crea confusión y evita claridad. Saber por qué es lo más importante. Recuerda que ese deseo debe ser algo que te motive, que te provoque querer el cambio. Existen varias maneras de llegar a saberlo o inducirte a desearlo.

Yo soy de los que promueven que el camino a encontrar tu *por qué* sea uno que te ayude a despertar identidad y realidad. Me refiero a identificar pequeños pasos hacia mi objetivo final, como lo manifiesta Ariely. Por ejemplo, si deseo salud, debo de pensar que en mi proceso de manifestarlo puedo considerar tener más energía, respetarme, relacionarme con gente que me influya para bien, etcétera.

Contar con un deseo genuino es la clave de este proceso. Si el deseo no es suficientemente poderoso, mi oportunidad de tener éxito se verá comprometida.

Tercera etapa: *declaración*

Una vez que completamos la fase de *deseo*, y que éste queda propiamente definido, la siguiente etapa es declararlo frente al *grupo de transformación*.[29] En la ciencia aplicada del bienestar integral, trabajar con un grupo mínimo de tres personas es básico. El TRIAD es el número mínimo con el que proponemos proceder, ya que el nivel de compromiso se enriquece con la retroalimentación. Otra clara ventaja de trabajar con más de una persona —*one on one*— es que es más difícil que dos o más individuos se inclinen a favorecer o acomodar tu proceso de cambio. Lo que buscamos es transparencia y claridad. Cuando cuentas con un grupo que al igual que tú está comprometido con un

---

29. Un grupo de transformación lo conforman personas que están involucradas en el proceso de cambio individual. Deben integrarlo mínimo tres personas (TRIAD).

proceso de cambio, encontrarás que su fuerza te permitirá establecer un compromiso más sólido que facilite el propio.

Cuarta etapa: *compromiso*

La esencia de nuestros programas es el compromiso. Una conclusión personal y de mi equipo es que mientras más público sea el compromiso y más grande el grupo, mejor serán los resultados. El término *peer pressure*, que los mercadólogos manejan a la perfección, también funciona en este caso. Cuando nos comprometemos con el grupo, ponemos a prueba nuestra capacidad para sacar adelante todo lo que se nos ha confiado; con mayor razón, si lo que se nos confía es nuestro propio deseo de cambio. En psicología, el compromiso se define como una obligación interna, que en esta fase externalizamos y traducimos en un deseo de *hacer hacer*, con ganas de *hacer*.

Quinta etapa: *prueba*

Ésta es la etapa donde todo concepto, declaración e intención, como su nombre lo dice, se ponen a prueba. La prueba de la prueba y error, aquí aplicamos y corregimos nuestro proceso al cambio. Nos apoyamos en la retroalimentación y nos alimentamos de la fuerza y el compromiso de y con el *grupo de transformación* para seguir en nuestro proceso. Mientras en otras metodologías, o en la trampa de la felicidad, la prueba es un golpe seguro a la autoestima, en la ciencia aplicada del bienestar integral esta etapa nos ayuda a probar y mejorar. Nos proporciona herramientas y nos fortalece para lograr resultados e incrementar nuestro nivel de autoestima.

Sexta etapa: *adopción*

La sexta y última etapa se consolida cuando el cambio ya forma parte de nuestra manera de ser, de nuestra conducta habitual. Es la etapa en la que el sistema límbico ya adoptó el cambio y, como en la metáfora del taller de mecánica, nos ocupa menos combustible echarlo a andar. La adopción es la consagración del cambio. Cuando llegamos a esta instancia es porque ya transformamos algo no deseado en algo deseado, que nos haga mejores. Es a donde eventualmente anhelamos llegar todos.

Aplicación del hexágono

En el siguiente gráfico se puede apreciar un ejemplo de lo que serían las etapas del *Hexágono Massé de adopción al cambio de comportamiento*.

HEXÁGONO MASSÉ DE ADOPCIÓN AL CAMBIO DE COMPORTAMIENTO®

Primera fase: *realidad*

En esta fase nuestro amigo Víctor reconoce su realidad de persona obesa.

Segunda fase: *deseo*

En la segunda fase Víctor siente el deseo de cambiar. Él anhela ser una persona saludable. Encuentra un propósito muy poderoso y claro.

Tercera fase: *declaración*

En la tercera fase vemos a Víctor parado frente a su grupo de transformación, en donde él declara su deseo y su propósito.

Cuarta fase: *compromiso*

En la cuarta fase observamos que nuestro amigo Víctor estrecha su mano con los compañeros de grupo y se compromete al proceso de cambio. Él tiene su propósito claro.

Quinta fase: *prueba*

En la quinta fase Víctor pone a prueba su poder de compromiso, su carácter y su determinación por lograr el cambio deseado.

Sexta fase: *adopción*

En la sexta y última parte del proceso vemos cómo nuestro amigo Víctor adoptó ya su deseo y lo trasladó a su realidad. Él está gozando los beneficios de haber mantenido su compromiso.

Si quieres escuchar una introducción al *Hexágono Massé de adopción al cambio de comportamiento,* Eduardo te está esperando. Sólo copia la siguiente liga en tu navegador <http://www.lastrampasdelafelicidad.com/ejercicio-hexagono> o escanea el código QR.

ROMPIENDO HÁBITOS

A continuación verás una lista de hábitos, dentro de los cuales es probable que encuentres algunos que identifiques de manera personal y estés considerando cambiar. Ésta es una recopilación de los hábitos que mis alumnos manifiestan haber modificado a raíz de aplicar Las 9 transformaciones en su vida:

- Jurar
- Tocarse la nariz
- Morderse las uñas
- Tomar exceso de café / té / alcohol
- Compras emocionales
- El gasto en tarjetas de crédito
- Facebook
- Comer azúcar blanca
- Comer chocolate
- Revisar obsesivamente el iPhone / iPad
- Comer carne
- Videojuegos
- Tronarse los dedos
- Limpiarse los dientes en público
- Sólo trabajo y nada de diversión
- Masticar chicle

- Morder las plumas
- Comer en exceso / entre comidas
- Interrumpir a la gente cuando está hablando
- No hacer ejercicio
- Dejar de fumar
- Sobremedicarse
- Jugar en la computadora o en la tableta
- Comer demasiado rápido / No masticar
- Usar el teléfono en la cama
- Autocrítica
- Decir "sí" a todo
- Procrastinar
- Romper promesas a sí mismo
- Complicar las cosas
- Dejar el miedo a intentar algo nuevo
- Decir secretos
- Ser despistado
- Pelear o discutir por todo
- Ser antipático
- Dejar la billetera / llaves en lugares al azar
- Saltarse las comidas
- Perder los estribos
- Quejarse
- Ser demasiado crítico
- Mala higiene
- Hurtar
- Ser un sabelotodo
- Alardear
- Llegar tarde
- Exagerar
- No pagar cuando te toca

- Tirar basura
- Hablar durante las películas
- Hacer ruido con los dedos / plumas / etcétera
- Vagancia
- *Bullying* a la gente
- Chismear
- Dejar la tapa del asiento del inodoro arriba

EJERCICIO

» ¿Qué hábito quieres remplazar?

....

» ¿Qué nuevo hábito te gustaría adoptar?

....

» ¿Por qué?

....

....

⊙ SÉPTIMA
PARTE

⊙ LA SEXTA TRANSFORMACIÓN:
MENTE, CUERPO Y ESPÍRITU

> No puedo respetar lo que no conozco. No puedo alimentar lo que no conozco. No puedo mantener saludable lo que no conozco.
>
> Si sólo tengo un vehículo de transporte y quiero que me lleve a donde sea que tengo que ir, y quiero viajar con comodidad, entonces sólo me queda una alternativa.
>
> Empezar a conocer aquello que no conozco.

Después de hablarle a Giovanni de las emociones, los sentimientos y del proceso del cambio, mantuvimos nuestra charla:

—Recuerda que si en algo nos diferenciamos de los animales es que somos seres pensantes, pero esa misma virtud a veces es nuestro mayor defecto. El error de las personas es que definen el resto de su vida por el presente o momento actual. La referencia del pasado tampoco nos ayuda

MENTE   CUERPO   ESPÍRITU

mucho, ya que con las memorias negativas establecemos mayor conexión emocional por el sufrimiento que nos causaron y procuramos todo lo posible para no volverlas a vivir. La vida está llena de eventos que no controlamos, e intentamos hacer todo lo que esté a nuestro alcance para modificarlos.

—¿Y cómo puedo procesar eso?

—Permite que las cosas sigan su curso y no intentes manipularlas para que te queden a modo. ¿Tú te preocupas o te frustras cuando sale el sol o cuando el día es nublado?

—No.

—¿Qué haces cuando eso ocurre?

—Bueno, si sale el sol, me pongo ropa ligera, crema protectora y gafas oscuras. Y si está nublado y hace frío, entonces obviamente me abrigo o salgo con paraguas.

—Exacto.

—¿Exacto qué?

—Si no pierdes el sueño por el clima, ¿por qué lo pierdes en la vida? Queremos controlar todo; hasta la misma reacción de la gente que más crees conocer escapará a tu control.

—¿Y qué puedes hacer entonces?

—Lo mismo que haces cuando el día es soleado y caluroso, o cuando es nublado y frío. Si eres de los que les gusta prevenir, consultas el reporte del clima el día anterior; y si no, cuando ves cómo está el día te preparas antes de salir de casa. Puede o no ser un proceso doloroso por que puedes sentir que pierdes algo muy especial, pero el tiempo es sabio y sólo me queda apostarle al tiempo. Durante esa época difícil mi propósito era mantener mi barco a flote. O sea, mantener a mi familia unida y mi proyecto de vida andando. Y de eso se trata el juego. Pero nos echan tantos egos, mensajes, significados e influencias que, a menos que tengas claridad, no podrás mantener el curso, y una motivación como la que me pediste antes, quizá sea un pequeño salvavidas que apenas te mantenga a flote, pero a mediano y largo plazos no te salvará y mucho menos te mantendrá en curso.

—Entonces…

—Entonces, mi querido Giovanni, la vida no es de hoy ni de ayer. Si bien es cierto que no sabemos cuánto tiempo nos queda por vivir, lo más seguro es que si no nos mata un virus o un accidente, viviremos unas cuantas décadas más. Comienza a pensar en los cien años como marca porque, como va la ciencia, la medicina y la tecnología, es muy probable que lleguemos todos a ser miembros del club de centenarios, y no me refiero al de American Express. Es decir, estamos tú y yo hablando de mínimo unas cinco décadas más.

—¡Estás loco! Yo no quiero llegar a los ochenta. Muchos menos a los cien. Ni se me ha ocurrido pensar en eso.

—Bueno, es mejor que empieces a pensarlo, porque probablemente eso nos vaya a pasar.

A CONOCERNOS UN POCO MÁS CADA DÍA...

Diez años son muchos. Piensa en todo lo que puedes hacer en ese tiempo: aprender varios idiomas, estudiar una carrera completa, aprender un oficio, convertirte en profesional de un deporte, desarrollar uno o varios talentos, escribir varios libros, enamorarte, viajar a muchos lados, aprender a cocinar, ver la sagas completas de *El padrino*, *Rocky* y *Star Wars* cientos de veces, etcétera.

Piensa en todo lo que puedes lograr en una década. Ahora proyéctalo en las décadas que te quedan por vivir en el supuesto de que lleguemos a los cien años. Si estás leyendo este libro y eres de esos *jóvenes* de cuarenta o de sesenta años, es muy probable que así llegue a pasar, como lo anunció ya en repetidas ocasiones la prestigiosa revista *Times*, que empezó a publicar en 2010 variados artículos sobre el tema.

Platicando con un colega, nos planteábamos la idea de ver a los ochentas como los nuevos sesentas, a los sesentas como los nuevos cuarentas, y a los cuarentas como los nuevos veintes.

Considerar y pensar en el tiempo que nos queda por vivir en un supuesto de cien años de esperanza de vida es una idea fascinante que cambia la percepción de la misma y la manera como la interpretamos en la actualidad.

Te invito a hacer este cálculo:

(¡**Advertencia!** Espero que seas de los que tienden a ver el vaso medio lleno, porque si insistes en mirarlo medio vacío, este ejercicio te va a deprimir.)

- Si tienes 10 años, te quedan 9 décadas, o sea: 32850 días.
- Si tienes 20 años, te quedan 8 décadas, o sea: 29200 días.
- Si tienes 30 años, te quedan 7 décadas, o sea: 25550 días.
- Si tienes 40 años, te quedan 6 décadas, o sea: 21900 días.
- Si tienes 50 años, te quedan 5 décadas, o sea: 18240 días.
- Si tienes 60 años, te quedan 4 décadas, o sea: 14600 días.
- Si tienes 70 años, te quedan 3 décadas, o sea: 10950 días.
- Si tienes 80 años, te quedan 2 décadas, o sea: 7300 días.
- Si tienes 90 años, te queda 1 década, o sea: 3650 días.

La pregunta entonces es: ¿cómo los quieres vivir?

Si conoces o has escuchado el término *interés compuesto*, sabrás que un centavo puede llegar a sumar cantidades exorbitantes. Para ilustrarlo, déjame contarte una historia:

Los historiadores aún no se ponen de acuerdo sobre sus orígenes: unos dicen que nació en el Medio Oriente; otros, que surgió en China en el siglo III d.C. La versión que me contó mi padre es la que mejor recuerdo. El rey quería un juego para divertirse y encargó a un sabio matemático de origen humilde la elaboración del mismo. Al poco tiempo el sabio presentó el ajedrez, y como recompensa pidió al rey que se le pagara el doble del resultado acumulado de cada casillero, multiplicado por el número de cuadros del tablero; es decir, con un efecto compuesto y multiplicador. El tablero cuenta con sesenta y cuatro cuadros, lo cual significa que el factor debía de multiplicarse sesenta y cuatro veces. El rey que no entendía lo que de verdad estaba solicitando el matemático, no vio la petición de este último como ambiciosa y concedió el doble de lo que arrojara la operación final. El resultado fue algo que el mismo rey nunca pudo cubrir y terminó empeñando su reinado al sabio.

La siguiente lista nos ilustra lo que ocurrió:

- $1 \times 2 = 2$
- $2 \times 2 = 4$
- $4 \times 2 = 8$
- $8 \times 2 = 16$
- $16 \times 2 = 32$
- $32 \times 2 = 64$
- $64 \times 2 = 128$
- $128 \times 2 = 256$
- $256 \times 2 = 512$
- $512 \times 2 = 1024$

...y así hasta la casilla 64, cuyo número final es 1152911 609002200000. La verdad es difícil imaginar el valor exponencial final hasta el momento que lo ves en blanco y negro. No sé si haya gente que pueda nombrar ese número.

El efecto multiplicador compuesto es algo que no tendemos a ver, especialmente si lo vamos a reflejar en nuestra vida. Pero lo cierto es que cada año, cada mes, cada día, nuestras decisiones tienen un efecto multiplicador de corto, mediano y largo plazos en nuestra vida. Por eso comprender que vamos a vivir varias décadas nos ayudará a entender que aún estamos a tiempo. Que tenemos tiempo y que las cosas van a tomar su tiempo.

La gráfica que te muestro a continuación fue hecha en 2006 por la administración del Seguro Social de Estados Unidos. En ella podemos observar cómo la línea de vida se ha incrementado dramáticamente desde principios de siglo.

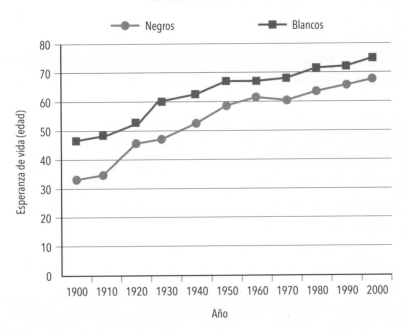

Observamos un incremento de más de treinta años en la esperanza de vida en poco más de un siglo. Es más, si un persona muere hoy antes de los setenta años de edad, yo personalmente, y muchos que conozco, consideraría que murió joven. Si te fijas, en la actualidad el límite de vida estimado es entre 68 y 75 años.

Los 80 son los nuevos 60, los 60 son los nuevos 40, los 40 son los nuevos 20.

Este efecto es cada vez más palpable; por ejemplo, el más reciente censo, llevado a cabo en Estados Unidos por el United Census Bureau, en 2012, registró 5.7 millones de estadounidenses de ochenta y cinco años o más, cifra que asciende a alrededor del 1.8% de la población de ese país. Si esta tendencia sigue como va, se prevé que para 2050 ese número se incremente a diecinueve millones de habitantes; o sea, 4.34% de la población. Para el mismo año, la predicción de los ciudadanos norteamericanos que lleguen a los cien años asciende a más de seiscientos mil habitantes.

No quiero imaginar el dolor en la muñeca del presidente de esa nación cuando tenga que firmar todas las cartas de felicitación que acostumbra enviar la Casa Branca a los ciudadanos que llegan a cumplir un siglo de vida.

En Noruega, una investigación realizada por la oficina de estadísticas del gobierno de ese país nos muestra que entre 1906 y 2002 la esperanza de vida aumentó de cincuenta y siete años a alrededor de setenta y nueve en su territorio.

La idea de llegar a vivir un centenar de años o más ya no es ciencia ficción. Los nuevos avances y descubrimientos en medicina y biotecnología incrementan drásticamente nuestro ciclo vital.

Sin embargo, no importa la edad que tengas; saber qué quieres o empezar a cuestionártelo desde edad temprana es tan importante como comenzar a pensar lo que estudiarás o cuál es la base profesional que deseas para el resto de tu vida.

El Instituto de Neurociencia Cognitiva de Londres, por ejemplo, sugiere que el cerebro continúa desarrollándose después de la infancia y la pubertad, y que no está totalmente maduro *hasta que superamos los treinta años*, e incluso después de cumplir los cuarenta.

La materia gris mengua mientras en cerebro madura. Aquí, cinco imágenes ilustran 15 años de desarrollo cerebral, mostrando un cambio del blanco (menos maduro) al gris (más maduro).

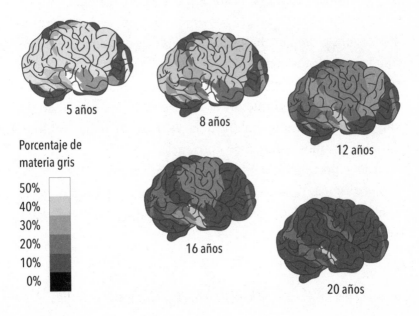

Los hallazgos contradicen teorías previas que apuntaban a una maduración cerebral mucho más temprana.

Los resultados de la investigación, dirigida por la neurocientífica Sarah-Jayne Blakemore,[1] apuntan que el córtex prefrontal es la zona que experimenta un periodo de desarrollo más prolongado. Esta región cerebral es importante para funciones cognitivas superiores como la planificación y la toma de decisiones. Además, juega un papel clave en el comportamiento social, la empatía y la interacción con otros individuos, y en ella residen algunos rasgos de la personalidad.

Si por otro lado contemplamos el aspecto económico para entender desde otro ángulo la esperanza de vida en los seres humanos, están las industrias que se beneficiarían con una mortalidad establecida a los cien años. Un nuevo mercado representa una nueva oportunidad.

Las farmacéuticas, por ejemplo. Si en promedio los adultos empezamos a consumir fármacos entre los cuarenta y cinco y cincuenta años de edad, y vivimos, de acuerdo con la estadística, en promedio hasta los setenta y cinco años, eso nos convierte en fieles consumidores de medicamentos por casi un cuarto de sigo. Estoy seguro de que si le preguntamos a cualquier laboratorio productor de fármacos, no creo que tengan ningún problema en prolongar la vida de sus consumidores cautivos en unos veinticinco años más.

Yo me pronostico vivir hasta los ciento veinte años, y cuando los alcance, mi hijo, que hoy tiene quince, tendrá ochenta y seis años de edad; y mi pequeña Zoe, que hoy tiene doce, rondará los ochenta y tres.

---

1. Sarah-Jayne Blakemore, *Cómo aprende el cerebro*, Ariel, 2007.

MIS HIJOS CUANDO CUMPLA 120 AÑOS

Me preguntaban el otro día mis alumnos si esta idea me asustaba. Por el contrario, me motiva y me apasiona. Tener a mis cachorros conmigo, vivir todo lo que nos queda, verlos crecer, surgir, acompañarlos en su camino por la vida; me emociona tan sólo pensar en lo que queda por venir.

Mi amado padre, que hoy tiene ochenta y seis años, jamás pensó que llegaría a esa edad. Cuando él nació ni siquiera se hablaba de prolongar la existencia. En 1929, como lo vimos en la gráfica, la esperanza de vida de los hombres era de cuarenta y siete años. Eso quiere decir que la ciencia ya le regaló treinta y nueve a mi padre. A mis hijos les regaló un abuelo y su sabiduría; y a mí, un ser maravilloso y un mejor amigo con el cual, a pesar de radicar en otro país, hablamos casi a diario. ¿Que si quisiera que mi viejito, así como está, me dure unas décadas más? ¡Por supuesto!

Estamos siendo testigos, mi querido neuroconsumidor, de una revolución sin precedentes. Sabemos más sobre el cerebro en los últimos veinticinco años, de lo que se sabía en los últimos mil cuatrocientos años. Y si el tema es exponencial, como lo vimos con el ejemplo del sabio y el tablero de ajedrez, la pregunta que te quiero hacer es: ¿cómo te gustaría vivir el tiempo que te queda de vida?

La verdad es que no conozco a nadie que prefiera promover la muerte en vez de prolongar la vida, siempre y cuando ésta sea una vida contemplada dentro de un marco de salud y bienestar. No puede haber ninguna obligación más básica que ayudarnos a nosotros mismos y a las generaciones futuras a disfrutar más tiempo y con lapsos más saludables nuestra estancia en la Tierra que compartimos. Por eso no te apures a tomar decisiones alocadas o prematuras, especialmente si son decisiones importantes en tu vida.

Si eres de las personas que por un efecto reactivo te viste o te sientes obligado a tomar una decisión porque ya no quieres más de lo que tienes, piensa en lo que va a significar en tu vida, por el resto de tu vida, que sigas como estás y que por una u otra razón no hayas tomado la decisión de buscar proactivamente tu propio bienestar.

Ahora sabes que tienes tiempo para caerte, aprender y avanzar, y no importa en qué momento de tu vida te encuentres, lo importante es que tienes tiempo.

Si por alguna razón sientes que estás viviendo dentro de la categoría de zombi urbano, ¿qué crees que sucederá con todo ese tiempo que te queda? ¿Lo dedicarás a trabajar en algo que no te gusta, a comprar cosas que no necesitas para hacer feliz a gente que no le importas? O prefieres enfocarte en aprender a vivir y descubrir la vida que quieres para que la puedas de verdad disfrutar y sacarle todo el provecho posible. Después de todo, ¿no es eso para lo que vinimos a este mundo? Porque si llegaste a esta parte del libro, me consta que eres de los que quiere sacarle provecho a la vida.

Si bien es cierto que aprendemos más cuando hay emoción de por medio, también es cierto que la emoción tiene un poder que no llegamos a entender, es por eso que descubrir y entender tus emociones es crucial para que puedas dar el siguiente paso, para que podamos pasar a la siguiente transformación. Por eso no me canso de repetir una y otra vez la siguiente frase: "Sólo se muere una vez, pero se vive todos los días".

La gente que acude con nosotros a estudiar el programa de Las 9 transformaciones empieza por entender cómo funciona su cuerpo, qué significa la salud del cerebro como órgano y qué necesitamos hacer para mantenerlo saludable. El doctor Amen una vez me dijo:

—Si no tienes un cerebro saludable no tendrás nada.

—¿A qué se refiere, doc?

—Permíteme explicártelo con este ejemplo. Una vez acudió conmigo una pareja con serios problemas matrimoniales. La esposa estaba muy preocupada por la salud de su marido, que había cambiado de actitud en los últimos tres años. Al ver el resultado de sus escáneres cerebrales, observé que denotaba un cerebro típico de una persona adicta a las drogas. Le pregunté que si eso era posible, a lo que ella me respondió: "No, doc, él ha cambiado sí, se ha convertido en un tipo intolerante y patán, distraído y gritón, pero no siento que sea por consumir drogas". Cuando le pregunté qué había cambiado en los últimos tres años, ella contestó que su trabajo. Fue despedido de la firma contable con la que trabajaba y empezó a laborar en una fábrica de muebles como laqueador.

Era obvio que el medio intoxicado y la exposición a ese ambiente por tantas horas al día, luego de tres años, provocaron trastornos en el cerebro del sujeto en cuestión, que estaban por acabar su matrimonio y de seguro su salud.

Mi experiencia trabajando con miles de personas en los años que llevo de carrera, me dice que la mayoría desconoce lo mínimo para mantener la salud de su cerebro. A continuación algunos consejos de qué hacer y qué no para mantener ese órgano maravilloso bien y saludable:

1. Eliminar los PAN (pensamientos negativos automáticos).
2. Practicar la gratitud.
3. Practicar la meditación (*mindfulness*).
4. Aprender a reconocer y manejar la ansiedad saludable.
5. Mantener una rutina de ejercicios cardiovasculares.
6. Dormir mínimo seis horas al día.
7. Mantener una dieta saludable.
8. Seguir aprendiendo cosas nuevas.
9. Mantener una vida socialmente activa y real (contacto personal).

LA VIDA REAL

Luego de concluir una conferencia, me acerqué a mi bicicleta con la que ingresé al escenario, la armé, monté en ella y, pedaleando, me retiré entre los aplausos del público.

—Muy bien —me dijo mi asistente—, los dejaste pensando, los moviste. ¡Felicidades!

La verdad sentí una conexión especial con este auditorio en particular. A la salida del camerino, me esperaba un señor; tenía un brillo especial en sus ojos. Me miró y me ofreció un caluroso saludo diciendo:

—Gracias, tu mensaje me tocó, gracias.

—Gracias a ti. ¿Cómo te llamas?

—Me llamo Carlos, y tengo cáncer —me quede mirándolo, esperando que continuara la frase, interesado en saber lo que deseaba decirme.

—Me diagnosticaron cáncer de próstata y llevo seis meses de tratamiento.

—¿Cómo estás? —le pregunté.

—Los doctores están especulando mucho, yo me siento mejor, eso quiero creer.

—¿Y tu familia?

—Ha sido un gran apoyo, considerando que tuve que vender la casa porque el seguro no quiso cubrir el tratamiento. Cada tratamiento cuesta casi cien mil pesos mensuales, y lo que más me aterra es que después de todo esto me tenga que ir y los deje sin el patrimonio que me tomó toda mi vida construir.

"Me la pasé trabajando por ellos, descuidando mi salud, comiendo cualquier cosa, viéndolos cada vez menos. Y me siento mal —comenzó a llorar—. Ellos están ahora ahí por mí, y yo siento que los traicioné. Después de todo lo gastado todavía queda la posibilidad de que me termine yendo al otro lado, y los voy a dejar sin nada, hasta endeudados. Me dan ganas de morir de una vez y por lo menos dejarlos con algo. Me siento tan culpable y no sé si me está matando más el cáncer o el sentimiento de culpa que me carcome vivo cuando pienso en lo tonto y estúpido que fui. ¿Por qué no me cuide? ¿Por qué nadie me dijo antes lo que podía o no podía hacer? ¿Por qué no escuché? ¿Por qué no tomé acción?"

—Carlos, culparte no te ayudará a mejorar la situación, y mucho menos a tu familia. Estás ahora viviendo la consecuencia de la vida que optaste por vivir; nadie piensa que le va a tocar, hasta que le toca. Pero puedes al menos ayudar a los que están contigo y servir de ejemplo. Lo que menos quieres es que tus hijos y tu esposa, y la gente que te rodea, piensen que la vida no vale nada y tiren la toalla. Que tu historia les sirva de ejemplo. Además, por lo que me cuentas, si bien es cierto que estás pasando un momento muy difícil, sentirte culpable definitivamente no te ayuda.

—¿Qué me estás diciendo?

—Que si ya la cagaste, ya la cagaste. Ahora te toca pensar en cómo enmendar caminos, porque si superas esta prueba, lo que te queda es asegurarte que los que están contigo vean y vivan a través de tu ejemplo lo que sí deberían aprender y practicar para mantener una vida en bienestar integral. Al final sólo morirás una vez, no te mates todos los días con esta culpa. Esta cruz que estás cargando por lo que hiciste o dejaste de hacer no te ayuda y definitivamente no ayuda a los que permanecen a tu lado, apoyándote y seguramente sufriendo en silencio. Ésta es tu conexión de estancamiento, estás estancado en el egoísmo y la culpa que ello te produce. El mensaje, amigo Carlos, es mostrar la lucha diaria por vivir todos los días.

"La gran diferencia entre hacer que esta vida que vivimos, este juego con reglas, sea una prisión rodeada de barrotes o un paseo en una pradera espléndida, depende de una decisión."

—¿Cuál es esa decisión?

—La decisión por vivir en bienestar integral y trabajar todos los días de forma proactiva hacia esa meta. En realidad, esto no es un trabajo diario, es simplemente un estilo de vida.

—Quiero hacerlo, de verdad quiero hacerlo. Quiero vivir todos los días. Quiero compartir eso con los que amo. Quiero superar esta culpa que siento —me lo decía un hombre notablemente emocionado, y angustiado por las ganas de vivir.

—Ahora que sabes dónde estás, ¿qué es lo que harás?

El bienestar no es un trabajo, es simplemente un estilo de vida.

⊙ LA SÉPTIMA TRANSFORMACIÓN:
APLICANDO LA CIENCIA

No se trata de amar, se trata de que el otro sienta mi amor. No me engañaré pensando que porque ya lo escuché y razoné de pronto va a funcionar. Mi transformación sólo ocurrirá de una manera: aplicando.

Cuando Giovanni se unió al grupo de trabajo del programa de Las 9 transformaciones, llegó por la razón equivocada. Su punto de partida eran el egoísmo y la culpa. Quería escapar de lo que le causaba dolor, cuando su misión en la vida —como lo es la de todos— es la de aprender a cultivar el bienestar integral con el que todos fuimos agraciados y favorecidos al nacer. Ahora, que habían pasado semanas de trabajo, venía experimentando un cambio radical. Su relación de pareja estaba marchando como nunca y se sentía más cercano de sus hijos. La culpa empezó a desaparecer y ahora sólo buscaba crecer con su relación de pareja, practicar y disfrutar su salud y enfocarse en rescatar lo que más le apasionaba de su trabajo.

Cuando veo este ejemplo pienso en cómo con tan sólo tomar conciencia de lo que estamos haciendo, cuándo y por qué lo hacemos, multiplica las posibilidades y los resultados de una manera exponencial. Si optamos por el bienestar integral, de pronto todo lo que realizamos durante el día empieza a funcionar en esa dirección. Comenzamos a convertirnos en un espiral ascendente, e impactamos de forma positiva en nuestro entorno inmediato. Giovanni por fin entendió cómo su propio bienestar influía en la vida de sus hijos y su esposa.

James Fowler y Nicholas Christakis, científicos de la Universidad de California, en San Diego, hablan de los impactos de las redes sociales hasta en tres círculos de separación. Por ejemplo, si estás buscando pareja es mejor que te olvides de las discotecas, ya que la estadística demuestra que 68% de las personas emparejadas halló a su contraparte a través conocidos mutuos. Sólo 23% de la gente conoció a su pareja sin la intervención de nadie. Si has tenido un sobrino recientemente, mejor comienza a prepararte para la paternidad o la maternidad, pues tendrás 15% más de probabilidad que el promedio de la gente si tu hermano tuvo un hijo en los últimos dos años. Si eres hombre y quieres prolongar tu existencia, casarte te dará más años que la mayoría de los tratamientos farmacéuticos. El promedio de vida de los hombres casados es de siete años más que el de los solteros, mientras que en las mujeres el incremento sólo es de dos años. Por otro lado, ¡cuidado!, porque el riesgo de ser obeso se triplica cuando tenemos amigos o un entorno de obesos. Por eso necesitas tener cuidado con las redes sociales que te rodean.

Sin embargo, el hecho de que las redes influyan en nuestra evolución, no es suficiente si no somos capaces de poner en práctica todo lo que aprendemos. La toma de conciencia hacia el bienestar integral no es suficiente como para que por arte de magia tu vida se transforme; por el contrario, hay que aplicar el conocimiento. Toda la información que lees y la que te llegue en la vida, si no la aplicas aunque sea 1% a la vez, no te servirá de nada más que para darte cultura general y una buena plática. Te invito a que decidas formar parte de ese 10% estadístico de la población que aplica lo que aprende, mientras el restante 90% se queda como simple observador y empecemos poco a poco a incrementar esa débil cifra.

El beneficio de adoptar prácticas diarias que se converti-
rán en hábitos es que finalmente serán herramientas que ser-
virán para alcanzar un nivel cada vez más elevado de bienestar
integral. Sin embargo, es un proceso lento y muchas veces im-
perceptible. ¿Por qué la estadística nos dice que sólo 10% de
la gente aplica lo que aprende? Una de las razones que más
escucho es la falta de tiempo. Yo opino que mucho tiene que
ver con la falta de conocimiento.

Hemos llegado a un punto donde nuestra alarma natural,
nuestro sistema nivelador conocido como la homeostasis, deja
de funcionar. La homeostasis es la capacidad de los organismos
vivos de mantener una condición interna estable que compen-
sa los cambios en su entorno mediante el intercambio regulado
de materia y energía con el exterior. Pero ¿qué ocurre cuando
nuestro entorno se encuentra en constante cambio al punto de
no permitirnos regresar a nuestro estado natural?

Tendemos a creer que el estrés es una consecuencia de circunstancias externas a nosotros, cuando la realidad es que se trata de un proceso de interacción entre el suceso externo y nuestra
respuesta física, emocional y cognitiva. Cuando nuestros cinco
sentidos perciben una amenaza, le transmiten señales al cerebro
que a su vez le indica al cuerpo que libere una explosión de

hormonas para alimentar la capacidad de respuesta: de huida o lucha. Una vez que la amenaza desaparece, el cuerpo intentará volver a un estado de relajación normal.

Lamentablemente, el ritmo de la vida moderna dificulta que este sistema preventivo de alarma y protección regrese a la normalidad. Cuando la respuesta de estrés se prolonga o intensifica en el tiempo, nuestra salud, nuestro desempeño académico y profesional, e incluso nuestras relaciones personales se ven afectadas. Como resultado ocurre lo que estaban viviendo Giovanni y todos a su alrededor. Debido a su desequilibrio emocional, reaccionaba con evasión o con violencia.

Cuando Giovanni se unió al proceso de las 9 transformaciones su problema no era precisamente una adicción, sino su falta de autoestima, y por ende no sabía qué hacer o por dónde comenzar. Había probado distintos métodos y acabó dejando todo a su suerte hasta que sucedió la tragedia de su hermana.

Todavía recuerdo el primer día que Giovanni se unió al programa. Conoció a Oscar, que le compartió cómo había encontrado paz y significado en su vida al identificar las cosas que de verdad eran importantes para él. Le contó que realizó los cortes que necesitaba a su círculo vicioso y escapó de la trampa de la felicidad. En el programa, Oscar pudo definir con claridad lo que quería y deseaba en una relación de pareja.

También conoció a Susana. Ella le compartió su testimonio de codependencia con sus parejas. Para salir de esa situación de malestar se concentró en reconstruir su autoestima. Pudo, con el tiempo, establecer una relación más saludable con sus hijos y con su exesposo, con quien restableció la comunicación y hasta desarrolló una relación de amistad.

Escuchó, por otro lado, el testimonio de Patricia, quien ya se había convertido en pequeña empresaria. El programa la ayudó a recuperar su confianza y tener la cabeza despejada para tomar decisiones que la ayudaron a progresar y a salir del hueco en el que se encontraba. Cuando supo canalizar sus emociones, su vida cambió. Aprendió a comunicarse con sus hijos y sus novias y se quitó del papel de víctima.

Giovanni, después de escuchar a todos, se sintió muy agradecido y sorprendido al descubrir que no se encontraba solo en este camino. Una y otra vez me resulta increíble y me produce una enorme satisfacción cuando veo hasta a los más escépticos compartiendo cómo el programa empieza a generar efectos secundarios, beneficios colaterales en los hijos y las parejas, en los amigos y colegas de los participantes. Compartir es una maravillosa herramienta que le da significado a nuestra vida.

Trata de aplicar todo lo que aprendas en la vida, lo que te sirve. Busca avanzar aunque sea 1% a la vez; de lo contrario, más allá de tener cultura general y tema para una buena plática, no te servirá de nada. Te invito a que te decidas a formar parte de ese 10% que aplica lo que aprende y empecemos juntos, poco a poco, a incrementar ese débil porcentaje.

La séptima transformación está enfocada en aplicar lo que hasta este momento hemos aprendido. Revisar cómo el trabajo en equipo y el compromiso del mismo está funcionando. Revisar y retroalimentarnos unos a otros. Es en este paso donde revisamos si recaemos, donde identificamos en que empezamos a fallar, donde están nuestras conexiones de estancamiento y si de verdad las estamos cortando. Esta transformación representa las fases 4 y 5 del *Hexágono Massé de adopción al cambio de comportamiento* que presenté en la página 243 de este libro. En este paso establecemos en práctica propia la diferencia entre decir y hacer. Recuerda el refrán que reza: "La gente dice lo dice, pero hace lo que hace".

Si bien es cierto que el conocimiento es poder, ese conocimiento, en el caso del bienestar, nos toca aplicarlo para producirlo y replicarlo en nuestra vida. Desarrollar el músculo de la elección y aprender a no desgastar el de la fuerza de voluntad. Es como el ejemplo de la canasta de pan o bocadillos que te sirven en las mesas de los restaurantes cuando recién llegas y te sientas. Puedes decir no una vez y pedir que la retiren, o dejarla ahí y estar a prueba cada minuto que te sientas tentado a tomar un trozo de pan. Lo más probable es que si eliges que se lleven la canasta, la tentación la vas a tener que superar una sola vez, pero luego será mucho más fácil para ti no pensar en el pan.

> Se pasó toda la vida anhelando algo maravilloso y lo único maravilloso que pasó fue la vida misma.

⊙ LA OCTAVA TRANSFORMACIÓN:
DISEÑANDO TU VIDA

> Ahora me toca navegar con dirección, sabiendo hacia dónde voy. Una constante en mi vida era el cambio. A partir de hoy una constante en mi vida serán mis metas, porque lo importante no es llegar sino tener a dónde ir.

Después de la conferencia, esa misma tarde cuando llegué a casa, encontré la luz del cuarto de mi pequeña Zoe encendida. Ella se encontraba practicando con sus cuadernos de caligrafía.

—No tengo sueño, *Goddo*. Me quedé pensando en lo que me dijiste la semana pasada sobre las reglas del juego. ¿Me podrías enseñar a jugarlo?

—Tú ya estás aprendiendo a jugarlo, *Cosa*. Aunque no lo notes, es como te he venido educando durante los últimos años.

Soy un ávido promotor de conocer las reglas del juego y de diseñar estrategias para jugarlo. Sobre todo en el mundo de hoy en día, el mundo que nos ha tocado vivir. Como lo mencioné antes, éste es un juego con reglas cada vez más cambiantes, donde la responsabilidad de cómo jugarlo es del jugador.

Lo que me resulta curioso es observar cómo la mayoría de la gente no sabe jugarlo. Cuando por primera vez me hablaron sobre las metas, me dijeron que eran necesarias, y principalmente me enseñaron a enfocarlas al negocio. Me quedó muy claro que un negocio sin metas y objetivos bien definidos es probable que no tenga mucho chance de alcanzar el éxito. Todos los negocios exitosos funcionan alrededor de que deben de cumplirse cada mes, cada trimestre, cada semestre y cada año. Y eso es lo que se tiene que hacer. En el mundo empresarial se invierte cada año todo tipo de recursos: capital monetario y capital humano. Todo con el fin de establecer metas. Yo no conozco una empresa exitosa que no cuente con metas claras y precisas.

¿Pero qué ocurre cuando vemos y planteamos nuestro juego?

¿Cuántos de nosotros estamos acostumbrados a vivir sin metas a pesar de saber lo importante que son?

¿Cuántos vivimos sin tener metas claras?

¿Cuántos no las revisamos hace un mes, tres meses, seis meses o un año?

¿Y qué son las metas? ¿Para qué sirven? ¿Cuántos tienen metas en su vida? Y si las tienen, ¿cuándo fue la última vez que las revisaron?

METAS MEDIO Y METAS FIN

Le dije:

—Zoe, existen dos tipos de metas: las metas *medio* y las metas *fin*.

—¿Y qué es una y otra, pa'? —me preguntó confundida.

—Verás. Una meta *medio*, como su nombre lo indica, es un medio que te ayuda a llegar a una meta *fin*. Una meta *medio* es, por ejemplo, el trabajo.

—¿El trabajo una meta *medio*? ¿Para qué sirve?

—Es una meta que me va a dar dinero para mantener a mi familia; o sea, mamá, Lucca y tú. En este caso, mi familia es mi meta *fin*.

—¿Por qué?

—Porque, ustedes me dan un sentido de vida, me ayudan a trascender, me dan amor y significado. ¿Pero qué crees, *Cosa*?

—¿Qué, pa'?

—Que aun sabiendo eso, muchas veces nosotros, los adultos, nos olvidamos y confundimos. Tendemos a confundir esa meta *medio* por una meta *fin*. De pronto nos damos cuenta de que estamos más preocupados y ocupados en el trabajo que en nuestras propias familias; la misma razón por la que buscamos trabajar. En mi caso, y sé que en la mayoría de los casos que conozco, la familia representa una de las razones más importantes por vivir. Pero darse cuenta a veces no es fácil. Es más difícil aun cuando te apasiona lo que haces, o cuando no sabes qué es lo que estás haciendo. Nos pasa como a los taladores en el bosque boreal de Canadá: perdemos el curso, y para cuando lo notamos, ya sentimos que es muy tarde, porque no hay manera de corregir la dirección hacia la que deseamos ir.

—No entiendo, pa' —me interrumpió Zoe.

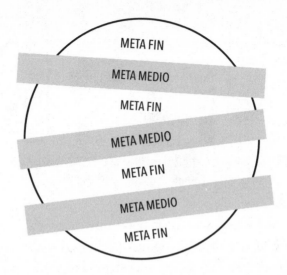

—Verás, *Cosa*, tener metas es como poseer un mapa. Tienes la idea de dónde estás y a dónde quieres llegar. Pero el mapa no es suficiente, porque tendemos a desviarnos. Y créeme que esto es algo que te sucederá quieras o no, porque es parte del juego, es una de sus reglas. Por eso necesitamos una brújula que nos acompañe, que nos ayude a mantener el curso; que nos diga dónde, en qué dirección, a qué lugar y a qué hora podemos llegar. Casi te puedo garantizar que en toda dirección que elijas ir, encontrarás baches, curvas, obstáculos. Pero eso es parte del camino. Por eso es tan importante saber y tener claro cuál es tu meta *medio* y cuál es tu meta *fin*.

Cuando se trata de tus metas, siempre necesitas tener la capacidad de diferenciar entre lo que quieres versus lo que buscas.

Una vida sin metas es una constante de eventos sin mayor significado o relevancia. Imagina que eres un maratonista, que has entrenado meses o años para correr el maratón que esperabas. Sabes que estás listo, o al menos eso sientes. Comienza la carrera y, como todos, empiezas a correr. Poco a poco el montón se va separando, se quedan en grupos que cada vez, con cada paso se van tornando más pequeños, hasta que de pronto notas que estás solo.

Por lo que indica el reloj que llevas, ya pasaron las cuatro horas y un tanto más, pero no vislumbras ninguna línea de meta en el horizonte, no hay gente esperándote, nadie se acordó de marcar la línea de llegada, sigues corriendo con la esperanza de que la meta esté próxima, pero transcurre el tiempo, los kilómetros, y no aparece ninguna señal de arribo. Empiezas a confundirte, frustrarte y asustarte; las ansias se apoderan de ti y el cansancio te comienza a doblegar. La lucha se vuelve entre tu mente y tu cuerpo; lo que quieres *versus* lo que físicamente puedes aguantar.

Eventualmente, y sin saber qué tan cerca o lejos estás de la meta, de pronto tiras la toalla y te detienes. No entiendes. El esfuerzo estuvo allí, pero nunca la señal, nunca el reconocimiento, ni mucho menos la recompensa.

Este maratonista se desanima y piensa que todo fue una pérdida de tiempo y una gran decepción. Su autoestima está dañada porque nunca sabrá si llegó o qué tan cerca estuvo de lograrlo.

Por otro lado, tienes al maratonista que al igual que tú, cuando se aproxima a la línea de partida, escucha los gritos de alegría de la gente, ve cómo la multitud se emociona y eso lo motiva a seguir; está cansado pero no importa, aun en sus últimos momentos acelera el paso hasta agotar sus últimas reservas, porque sabe que cruzar la meta lo es todo.

Por fin la cruza y sabe que en ese momento todo esfuerzo valió la pena. Se siente bien y con ganas de volver a intentarlo; no puede esperar hasta la próxima carrera donde pretende superar su marca personal y acercarse cada vez más a competir por el primer lugar.

Eso caracteriza a las personas que viven con metas en su vida, metas claras y precisas. Como el segundo maratonista, el que llegó, viven emocionadas recopilando recompensas, generando de manera consciente endorfinas y muchas otras hormonas y neurotransmisores que las ayudan a llenar su vida de reconocimientos, manteniéndose en la dirección a la que desean ir.

Despertar, conseguir una nueva pareja, perder peso, recibir una promoción en el trabajo, dejar de fumar o hasta ver el último estreno de la saga de *Star Wars*, si no tenemos metas, esos acontecimientos pasarán desapercibidos. La ciencia nos dice que cuando estamos conscientes de ello, esos pequeños grandes acontecimientos son resultado de un plan maestro, un plan que elaboramos cada año, y que debemos revisar periódicamente.

Cuando vives una vida con metas, todo empieza a cambiar y se crea lo que se conoce como *efecto de la gratificación eufórica*. Entonces cada vez que despiertes, que sea un aniversario, que te den un nuevo proyecto, que salgas de viaje, será una experiencia generadora de endorfinas.

¡*Wow!*, una razón más para tener metas. Porque alcanzarlas nos hace sentir bien.

—Está bien, pa' —me dijo Zoe—, pero ¿cómo le hago para conocer el significado de lo que quiero alcanzar?

—Eso es muy simple, *Cosa*, sólo necesitas conocer tu *porqué*.

El *porqué* te ayuda a encontrar el *propósito*, y este último, a mantener la *motivación* para lo que quieras alcanzar.

Pensemos en el precio que hemos pagado muchas veces por no saber nuestro *porqué*. Hemos perdido tiempo, dinero, oportunidades, salud, ética, relaciones.

Una persona sin metas es como una barca a la deriva. Va donde lo lleve la marea.

EL PROPÓSITO

Soy de los que opina que el propósito es más importante que el resultado. Por ejemplo, mi familia es para mí uno de los propósitos más importantes en la vida. Prefiero tener un hogar, a poseer una casa vacía, porque sé que el día que la casa llegue, tendré un hogar con quien llenarla.

—Por eso, Zoe, es importante que entiendas la diferencia entre una meta *medio* y una meta *fin*. Recuerda que a pesar de no saber cuánto tiempo tienes, *el tiempo está a tu favor*. Lo esencial entonces no es alcanzar las metas, sino tener metas, porque al final del día éstas son un medio y no un fin. Por eso, déjame inspirarte con esta frase de Hemingway: "En el viaje es bueno tener un destino hacia donde sea que vayas, pero al final [mi querida Zoe] es el viaje lo que más importa".

Imagina haber caminado todo este tiempo con una venda en los ojos, y hoy tienes la oportunidad de removerla para convertirte en el arquitecto de tu futuro. Te invito a conocer las reglas del juego, a planear su estrategia y trabajar con tus metas. Hazlas entretenidas, busca el *porqué* y entiende su significado, pero sobre todo, recuerda que *sólo se muere una vez, pero se vive todos los días.*

- **Responde:** ¿qué clase de maratonista eres? ¿Cada cuánto cruzas la meta?

⊙ LA NOVENA TRANSFORMACIÓN:
EL CÍRCULO DE LA VIDA

No pongas a otros primero, porque si lo haces, un día vas a culparlos por todo lo que les diste en lugar de agradecerles por todo lo que te dieron y no supiste aprovechar. Ten siempre presente que la responsabilidad final es tuya, y que mejor es el camino si tienes a alguien con quien compartirlo y a alguien de quien seguir aprendiendo.

Cuando Giovanni aceptó que tenía un problema, y se dio cuenta de que necesitaba cambiar, que no podía seguir como había estado funcionando, empezó su proceso de cambio. Sufrir la repentina y trágica muerte de su hermana había sido un golpe muy fuerte que lo movió y obligó a cambiar.

Al acercarse a mí lo hizo con la correcta intención, pero con la equivocada motivación. Su deseo por cambiar y dejar de sufrir fueron buenos gatillos, pero requería cambiar el punto de partida para cortar toda conexión de estancamiento. Como la gran mayoría, Giovanni pensó que él era el único causante de su problema y, por supuesto, el único capaz de solucionarlo. Si bien es cierto que la aplicación depende de uno mismo, es necesario entender nuestro entorno para poder usar esa fluidez de energía a nuestro favor y no en contra nuestra.

Resultaba imprescindible para él entender a qué se enfrentaba, qué factores estaban ahí para apoyarlo y cuáles más para jugar en su contra. Mi padre decía: "Hijo, no todo es lo que parece". Y ahora entiendo a qué se refería. Quizás él no permanecía al tanto de la manipulación a la que somos expuestos día a día, pero sí estaba consciente de tomarse un tiempo para entender su entorno antes de decidir y dar un paso. Aunque a mí me tomó muchos años y algunos golpes entender ese mensaje, ahora me servía para que Giovanni también, a su manera y dimensión, pudiera entender ese entorno, explorar las reglas del juego e iniciar el rediseño de su estrategia.

Estamos viviendo una época en la que es más fácil crear una realidad artificial que introspectar nuestra propia realidad porque puede resultar muy doloroso el resultado. La gente ya no quiere saber, se inclina por no aceptar o cultivar. Se enfoca en buscar y aspirar. Compramos realidades ajenas que nos venden como las ideales y nos enferman con promesas futuras llenas de optimismo, de una vida "feliz" y mejor.

Ray Kursweil,[1] ingeniero de Google, aclamado y reconocido futurista, nos habla y describe con claridad cómo la convergencia de las variadas tecnologías como la biotecnología, la nanotecnología, la tecnología de la información y de la comunicación,

---

1. Ray Kursweil, *La era de las máquinas inteligentes*, 1990.

y la neurocognitiva, traerán a nuestra cercana realidad futura la convivencia con inteligencias artificiales que transformarán para siempre nuestra cultura, nuestra política y nuestra economía en maneras inimaginables para la mente actual.

Imagina una vida fusionada entre la inteligencia humana y la tecnología. Pero nada de esta realidad de *Star Trek* será posible de asimilar de manera favorable si antes no logramos desarrollar, alcanzar y mantener una cultura de mejoramiento humano constante. En otras palabras, un estilo de vida en bienestar integral permanente. ¿De qué nos servirá ser más longevos, perfectos como máquinas, si no identificamos nuestra realidad y explotamos el potencial que tenemos como seres humanos de aprender a vivir?

Dentro del marco de las tendencias futuristas que plantean un cambio en las reglas del juego y no están tan distantes de lo que podría convertirse en una realidad, encontramos los que proponen el transhumanismo como Ronald Bailey[2] y los que por otro lado lo consideran como una de las ideas más peligrosas del mundo como el politológico estadounidense de origen japonés, Francis Fukuyama.[3]

El transhumanismo sugiere tres elementos fundamentales de acción: la superinteligencia, la superlongevidad y el superbienestar.

Yo en lo personal estoy más a tono con lo del superbienestar, aunque reconozco que para alcanzarlo primero necesitamos llegar a un simple bienestar o, mejor dicho, a un bienestar integral.

---

2. Ronald Bailey, editor de la revista de ciencias *Reason. Liberation Biology,* 2005.

3. Francis Fukuyama, *El fin de la historia y el último hombre,* 1992.

La superinteligencia es una corriente de pensamiento que propone que los avances de la inteligencia artificial eventualmente vendrán a rescatar el futuro de los seres humanos con sus avances y propuestas. Nos propone una integración voluntaria y casi ciega a las tecnologías convergentes para establecer un virtual contacto directo con la inteligencia artificial para hacer de sus habilidades las nuestras. Lo que nos llevaría, de acuerdo con lo que proponen y defienden Nick Bostrom y David Pearce,[4] a alcanzar una superinteligencia.

La superlongevidad es la corriente que obedece un tanto a lo que expuse en este libro en apartados anteriores, donde Aubrey de Grey,[5] editor en jefe de la revista académica *Rejuvenation Research* y experto en investigación sobre el envejecimiento, sostiene que nuestras prioridades están fundamentalmente limitadas y que necesitamos iniciar una corriente de pensamiento enfocada en la prevención de muerte por causas del envejecimiento.

El superbienestar propone que a través de la investigación y eliminación del sufrimiento podemos alcanzar la abundancia y la felicidad. La teoría hedonista de llegar a vivir en un paraíso terrenal, o la versión moderna de Adán y Eva, tal como lo propone David Pearce.[6]

La realidad panorámica de la primera transformación propone que el individuo necesita como paso indispensable antes de conocer las reglas del juego, estar consciente de su realidad y de los cambios que experimenta la misma. La ciencia aplicada del bienestar integral propone entonces la incondicional y

4. Nick Bostrom y David Pearce, World Transhumanist Association (WTA), 1999.

5. Aubrey de Grey, *The Mitochondrial Free Radical Theory of Aging*, 1999.

6. David Pearce, *El imperio hedonista*, 2009.

necesaria convivencia del ser humano con su realidad física y espiritual, y la ciencia.

Y aquí nos encontramos en la última transformación. La novena transformación consiste en entender que siempre hay un escalón más por subir, que en esta vida no existe el final feliz, que no se trata de encontrar un final, sino de disfrutar el camino. Consiste en subir el primer escalón, y el siguiente y el siguiente aunque no puedas ver la escalera completa. Eso que en religión entendemos como fe, en la ciencia lo llamamos ley. Porque la ley dice que si respetas el proceso y lo aplicas religiosamente, los resultados se van a producir; el resto es sólo una cuestión de tiempo.

Ahora, al ver a Giovanni, me da una inmensa alegría verlo entrar de la mano con su esposa e hijos. Es completamente otra persona la que cruza la puerta de entrada al salón: irradia salud, equilibrio, confianza y bienestar. Su esposa se acerca, y con lágrimas de emoción, me dice:

—Gracias. —No sé qué decirte. Todo ha cambiado. Somos otra familia.

—No fui yo, fue Giovanni y su amor a sí mismo, y a ustedes. Fuiste tú y tu amor hacia él, tu paciencia y compromiso. Fueron todos en el grupo que estuvimos el uno para el otro. Por el contrario, gracias a ti.

—La verdad, Eduardo, qué bueno que todo terminó.

—¿Terminó? No, querida —la interrumpí—, apenas estamos comenzando.

"No todo lo que pasa es lo mejor, pero tú puedes hacer lo mejor de todo lo que te pasa"

LAS 9
TRANSFORMACIONES

Para hacer que tu experiencia sea más completa, Eduardo Massé te invita a escuchar de su propia voz la lectura de las 9 transformaciones que encontrarás a continuación. Sigue este enlace o escanea el código QR. <http://www.lastrampasdelafelicidad.com/audio-cierre>

I

VOLUNTAD

Hay momentos en la vida donde tengo que hacer que las cosas sucedan, y otras donde tengo que dejar que las cosas sucedan.

He hecho cuanto tenía que dejar y he dejado cuanto tenía que hacer.

II

IDENTIDAD

Es momento de reconocer que mi belleza interna es la clave para mantener mi belleza externa. Hoy dejo de buscar y empiezo a cultivar.

III

COMPROMISO

El juego se gana en equipo. No voy a confundir el propósito del juego. Sé que somos muchos los que vamos en la misma dirección y, sumando mi experiencia a la de otros, podré hacer que mi viaje sea placentero y fácil de llevar.

Hoy pierdo el miedo y me animo a declarar: "Éste soy yo".

IV

LIBERTAD

Tengo cinco sentidos que me hablan en cinco idiomas distintos. Pero sólo cuento con un intérprete que se encarga de traducir todo en un idioma que necesito entender. Ese traductor se llama Cerebro y esa traducción se llama Emociones. Me resta entonces permitir que fluyan para poder entender.

V

ELECCIÓN

Si me fijo en un coco y sólo veo lo externo, veré una fruta fea y dura. Es probable que ni le ponga atención y la deje ahí. Pero si elijo ir más allá de lo que veo a simple vista y me doy tiempo de descubrir qué hay detrás, encontraré una fruta dulce y jugosa.

La elección de vivir en el mundo de las cáscaras es mía.

VI

CONOCIMIENTO

No puedo respetar lo que no conozco. No puedo alimentar lo que no conozco. No puedo mantener saludable lo que no conozco.

Si sólo tengo un vehículo de transporte y quiero que me lleve con comodidad a donde sea que tenga que ir, entonces sólo me queda una alternativa.

Empezar a conocer aquello que no conozco.

VII

DISCIPLINA

No se trata de amar, se trata de que el otro sienta mi amor. No me engañaré pensando que porque ya lo escuché y razoné va a funcionar. Mi transformación sólo ocurrirá de una manera: aplicando.

VIII

DIRECCIÓN

He navegado hasta este momento sin la idea de adónde iba, ahora me toca empezar a navegar con dirección, sabiendo hacia donde voy. Una constante en mi vida es el cambio. A partir de hoy una constante en mi vida serán mis metas, porque lo importante no es llegar sino tener adónde ir.

IX

AUTOESTIMA

No pongas a otros primero, porque si lo haces un día vas a culparlos por todo lo que les diste en lugar de agradecerles por todo lo que te dieron y no supiste aprovechar. Ten siempre presente que la responsabilidad final es tuya y que el camino es mejor si tienes a alguien con quien compartirlo y a alguien de quien seguir aprendiendo.

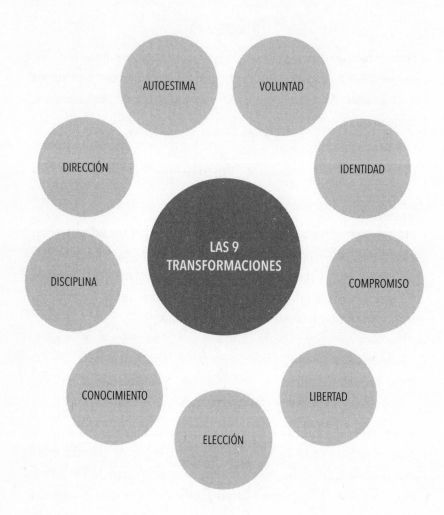

⊙ CONCLUSIONES

través de este proceso hemos visto cómo la
ciencia nos puede ayudar para llegar al otro
lado; cómo podemos pasar de un modelo
enfermo a uno saludable que nos ayude a llevar
este juego de una manera que nos funcione; hemos visto herramientas para aprender a diseñar
una estrategia que funcione primero para nosotros, y que aunque no todas las opciones externas que nos ofrecen a diario están diseñadas para
nuestro mejor interés y beneficio, necesitamos
desarrollar la conciencia de que nuestra vida, primero que nada, debe servir y funcionar para nosotros mismos.

En mi caso, no hay nada que yo le pueda reclamar a mi padre o a mi madre sobre las prácticas
y hábitos que adopté de niño y adolescente, porque quizá mucho de lo que ellos me enseñaron en
cuestión de creencias y costumbres fue lo mismo
que ellos aprendieron de sus padres y maestros.
La gente en la época de mis padres no estaba tan

expuesta a la comida chatarra, gozaban de mayor privacidad y no eran tan sedentarios como lo somos hoy en día; estaban menos informados que nuestra generación. Mucho de lo que a mis padres les funcionó, para mí hoy sería un suicidio y una falta a mis nuevos valores y a mi estilo de vida si lo intentara replicar. Esas creencias y prácticas que aprendí a rectificar con el conocimiento que adquirí a través de la ciencia y de su aplicación cambiaron mi vida para siempre. Muchas de ellas son las que he procurado transmitirte en este libro.

Cuando desarrollé las 9 transformaciones, con el apoyo de grandes maestros, tuve mucha suerte de que la vida, como suelo decir, me haya perdonado. Me he expuesto a situaciones extremas, a pérdidas personales, a golpes sentimentales y a trampas frecuentes que en su momento y con justificada razón reclamé a todo y a todos. Pero el renegado que empecé siendo poco a poco entendió que ésta era la única y más sabia manera de aprender y de contemplar nuevas alternativas. Entendí que caer una y otra vez, y probar y seguir explorando son lecciones y no desgracias.

Mucho de lo que te comparto en este libro me costó en diversos sentidos. Muchas veces estuve muy cerca de tirar lo toalla y regresar a lo de siempre, pero decidí confiar en la ley de la congruencia, en lo que mi maestro Tal Ben-Shahar una vez me dijo: "Si le apuestas a lo que te apasiona hacer, un día llegarás a ser bueno, y eventualmente las cosas tomarán su curso; la gente te reconocerá y podrás elevar tu pasión a tu misión de vida". Él me hablaba de mi llamado. Y aquí me tienes, después de muchas lunas, derrotas y fracasos, victorias y celebraciones, escribiendo esto para ti.

Cuando nació Lucca y comencé a contemplar la vida con ojos de padre, me di cuenta de que necesitaba encontrar algo que dejarle a mis hijos más allá de la educación que les pudiese pagar, de bienes que les pudiera heredar o valores que les fuera a infundir. Quería brindarles un ejemplo, aprender para poder enseñarles a contar con las mejores herramientas que la ciencia nos trae hoy. Enseñarles a ser ellos mismos y a pelear por ese privilegio; a saber quiénes son y qué es lo que pueden llegar a ser; mostrarles con el ejemplo a ser lo mejor que pueden llegar a ser. Hacer que la práctica del bienestar integral sea su estilo de vida.

Hoy en día no tenemos excusa para no aplicar la ciencia del bienestar integral. No podemos hacernos de la vista gorda y dejar que nuestros hijos sigan encaminados a destruir sus vidas porque simplemente no tenemos la fuerza de voluntad o el tiempo para enseñarles este camino. No podemos darnos el lujo de que sean otros los que los eduquen. Ésa es nuestra responsabilidad.

Hoy quiero dirigirme a ti, amigo lector, a ti padre, madre, hijo, hermano, amigo, miembro de una familia o líder de un grupo: Te toca aplicar el cambio, pero no pierdas el sueño cargando con la responsabilidad o culpa de otros; si primero no empiezas por ti, estás perdiendo el tiempo.

Todavía recuerdo el consejo que me dio de mi tío Ernesto Blume cuando apenas yo era un carajillo de 12 años: "Sobrino —me dijo— nunca escojas el camino más fácil". Y parece que con los años y la ironía de la vida, después de tantos años, le terminé haciendo caso. Te confieso que aunque al principio parezca difícil, el camino del bienestar trae enormes satisfacciones, que te permitirán gozar por el resto de tu vida.

Como van las cosas, estoy convencido que las riquezas del futuro van a ser la salud y el bienestar. La salud se va a convertir en muy poco tiempo en una medición social como lo es hoy el que manejes un buen coche o que vistas con marcas o estudies en ciertas universidades. Y lo más probable es que ése sea un grupo al que quieras pertenecer. Sólo espero que lo desees por las razones correctas y que cada vez seamos más los que exijamos a las empresas, productos y servicios que tomen en cuenta el bienestar de sus consumidores por sobre cualquier interés económico. Ya no tenemos excusa para vivir sin estrategia, para dejar que otros elijan por nosotros.

El conocimiento que adquirí, y que espero seguir adquiriendo, me ayudó a esclarecer mi mente y mis ideas, a brindarme otra luz. Ahora reconozco lo afortunando que he sido, pero debo reconocer que no fue sino hasta que empecé a aplicar, día tras día, semana tras semana, año tras año, estas herramientas del bienestar integral que pude palpar el resultado y sentir en primera persona todo eso tan prometedor que me comprometí a adoptar como parte de un estilo de vida. Cuando entendí que la mejor manera de aprender es enseñar, confirmé mi decisión de estudiar y practicar para convertirme en protagonista.

Hoy puedo compartir mi testimonio contigo, y decirte con certeza absoluta que no importa la creencia que tengas, si te enfocas en aplicar el programa y el proceso, tu vida cambiará completamente hacia el bienestar integral.

Te aconsejo que aprendas a celebrar tus verdaderas victorias, que te ocupes en encontrar sentido y pasión por lo que haces, y así podrás estar seguro de que encontrarás la fluidez para vivir como deseas hacerlo.

Espero que este libro te haya transformado.

Las trampas de la felicidad de Eduardo Massé
se terminó de imprimir en octubre de 2016
en los talleres de
Litográfica Ingramex, S.A. de C.V.
Centeno 162-1, Col. Granjas Esmeralda, C.P. 09810
Ciudad de México.